BLOC OPTIMUM

Collection dirigée par Fabien Fichaux

40 fiches et exercices pour améliorer sa rédaction

Laurence Rauline

Professeur agrégée de lettres modernes
Ancienne élève de l'École normale supérieure
Docteur en littérature française

ellipses

ISBN 978-2-7298-7556-5

www.editions-ellipses.fr

Avant-propos

L'art d'écrire précède la pensée.
Alain, *Propos de Littérature* (1934)

Pour trouver sa forme la plus précise et la plus achevée, notre pensée a besoin d'être exprimée. Bien écrire permet de bien penser. Améliorer sa rédaction n'est donc pas simplement une exigence qui nous est imposée par l'école, l'université ou le monde du travail. C'est surtout un moyen pour chacun de mieux comprendre le monde et de mieux se faire comprendre.

Pour écrire d'une manière correcte et agréable, il importe de maîtriser l'orthographe, la grammaire, la conjugaison, et de travailler l'élégance du style. La somme des compétences à acquérir est certainement, pour beaucoup d'entre nous, décourageante ! Chacun peut toutefois progresser, en assimilant quelques règles simples et en effectuant les exercices proposés dans ces fiches. Tous ces exercices font l'objet d'un corrigé qui vous permettra de vérifier vos propositions et de prendre confiance en vous.

Mieux écrire, c'est aussi découvrir ce qui nous lie aux siècles passés et aux citoyens de notre pays. La langue française nous permet de vivre ensemble ; elle est notre patrimoine commun : apprenons à mieux la connaître, et, si possible, à l'aimer.

Sommaire

Fiche 1. Les mots invariables

Il existe de nombreux mots invariables. Il faut savoir les orthographier. En voici quelques exemples :

> alors, lors, lorsque, hors, dehors, tôt, sitôt, aussitôt, bientôt, tantôt, pendant, cependant, durant, maintenant, avant, auparavant, dorénavant, devant, davantage, tant, un tantinet, pourtant, autant, tant mieux, tant pis, longtemps, temps, printemps, moins, néanmoins, plus, ailleurs, puis, depuis, près, après, auprès, très, exprès, dès que, davantage, ainsi, aussi, parmi, assez, chez, mais, désormais, jamais, beaucoup, trop, combien, guère, naguère, gré, malgré, fois, autrefois, toutefois, parfois, quelquefois, toujours, aujourd'hui, hier, demain, d'abord, vers, envers, travers, volontiers, certes, sus, dessus, au-dessus, par-dessus, sous, dessous, au-dessous, sans, dans, dedans, selon, loin, nulle part…

La liste n'est pas exhaustive !

On peut tenter de classer certains d'entre eux en quatre groupes essentiels : les adverbes, les prépositions, les conjonctions, les interjections.

Classes	*Exemples*
Adverbes	Sûrement, vraiment, grandement, décemment…
Prépositions	Prépositions simples : à, de, dans, par, pour sur, avec, sans sous… Locutions prépositionnelles : à cause de, à côté de, à travers, de manière à, jusqu'à, loin de…
Conjonctions • de coordination • de subordination	 Mais, ou, et, donc, or, ni, car Quand, comme, que, puisque, lorsque…
Interjections	Ha ! hélas ! hourra !

Exercices

1. **Identifiez les mots invariables dans les phrases suivantes et classez-les dans les catégories suivantes : adverbes, prépositions, conjonctions, interjections.**

Hourra ! J'ai gagné brillamment, sans faire beaucoup d'effort !

Il est parti avec moi à Paris.

Je suis toujours méfiant, quand on parle de politique.

Hélas ! Bien qu'il soit peu agréable, je suis obligée de le supporter.

Ensemble, nous sommes toujours plus forts.

Adverbes : ....

Prépositions : ....

Conjonctions : ....

Interjections : ....

2. **Donnez les adverbes en -ment formés avec les adjectifs suivants.**

Simple, récent, différent, cher, courageux, violent, doux, collectif, difficile, bref.

....

....

....

....

3. **Complétez le texte avec les conjonctions de coordination et subordination adaptées.**

Il veut .... son fils ait une situation dans la vie, ... il a éprouvé lui-même la difficulté à être ouvrier.

Sa mère l'adore, ... elle n'accepte pas ....'il fasse ses propres choix.

.... il soit un garçon respectueux, il leur parle parfois sans ménagement.

.... on est bien quelque part, il faut y rester.

.... il vous connaît, il vous fera confiance.

Fiche 2. Pluriels des noms et des adjectifs

➥ Règle générale

On forme le pluriel des noms et des adjectifs **en ajoutant -s**.

➥ Cas des noms et adjectifs terminés par -s, -x ou -z

Ils ne changent pas au pluriel.

EX. : un cas, des cas – du riz, des riz…

➥ Cas où l'on peut hésiter entre un pluriel en -s et un pluriel en -x

- **Les noms terminés par -ail et par -ou**

Ils prennent un -s et forment leur pluriel en -ails et en -ous.

EX. : des rails, des trous.

Quelques exceptions, qui forment leur pluriel en -x :

- les coraux, des vitraux, des travaux…
- des bijoux, des cailloux, des choux, des genoux, des hiboux, des joujoux, des poux.

- **Les noms terminés par -au, -eau, -eu, et les noms masculins terminés par -al**

Ils prennent un -x au pluriel.

EX. : des étaux, des bureaux, des vœux, des chevaux…

Quelques exceptions, qui forment leur pluriel en -s : des landaus, des bleus (de même pour l'adjectif : bleu – bleus), des pneus, des bals, des carnavals…

- **Les adjectifs terminés par -eau et -al**

Ils prennent un -x au pluriel.

EX. : nouveaux, régionaux...

Quelques exceptions, qui forment leur pluriel en -s : bancals, fatals, finals, natals, navals.

➥ Des pluriels particuliers

un monsieur – des messieurs, un œil – des yeux...

➥ Le pluriel des noms propres

Ils ne prennent généralement pas la marque du pluriel (sauf : noms de population ou de lieux géographiques qui désignent un ensemble, noms de familles illustres).

EX. : les Parisiens, les Capétiens...

➥ Le pluriel des noms composés

Seuls les noms et les adjectifs qui composent le nom prennent la marque du pluriel (en fonction du sens). Les verbes, adverbes et prépositions sont invariables.

EX. : des rouges-gorges (adj. + nom)
des tire-bouchons (verbe + nom)
des porte-monnaie (verbe + nom = ce qui porte la monnaie)

➥ Le pluriel des adjectifs de couleur

Ils s'accordent lorsqu'il n'y a qu'un seul adjectif pour désigner la couleur et lorsqu'il ne s'agit pas d'un nom utilisé comme adjectif.

EX. : des feuilles vertes, des vestes bleu pâle, des yeux bleu-vert, des pantalons ivoire (ivoire = nom, utilisé comme adjectif)...

Quelques exceptions : mauve, écarlate, incarnat, fauve, rose, pourpre s'accordent.

EX. : des jupes roses

→ **Cas d'invariabilité**

Les adjectifs *nu* et *demi*, placés devant le nom.

EX. : une demi-heure, il est nu-pieds

Exercices

1. Réécrivez les phrases suivantes en mettant les groupes nominaux et/ou les adjectifs au pluriel et faites les accords nécessaires.

   Il a admiré *le magnifique tableau* de Picasso. *Ce chef-d'œuvre* n'est pas banal !

   ....

   Il visite *le chantier naval.*

   ....

   J'ai fait *un gros gâteau* pour *l'anniversaire de mon enfant.*

   ....

   Il a un *rendez-vous* au tribunal.

   ....

   Ce *garçon* est ambitieux.

   ....

   Sa veste verte est *ridicule.* Je n'apprécie pas non plus *sa chemise rose.*

   ....

2. Mettez au pluriel les noms composés suivants.

   Un garde-robe ....

   Un timbre-poste ....

   Un hors-la-loi ....

   Un lave-vaisselle ....

   Un arc-en-ciel ....

3. Accordez correctement les noms et les adjectifs dans les phrases suivantes.

   Il est deux *heure* et *demi.* ....

   Il lui faut une *demi*-heure pour arriver. ....

   Cette idée et ce projet semblent *irréalisable.* ....

   Il a mis de *nouveau pneu* à sa voiture. ....

   Il s'est fait *un bleu au genou.* ....

Fiche 3. Quelques règles d'accord

Le participe passé employé **sans auxiliaire** s'accorde comme un adjectif.

EX. : Bien habillée, elle est belle.

REMARQUE : Les participes passés *vu, excepté, ci-joint* ne s'accordent que s'ils sont placés après le nom.

EX. : Les lettres ci-jointes indiquent la procédure à respecter. / Ci-joint, les lettres qui indiquent la procédure à respecter.

Le participe passé des verbes conjugués avec **l'auxiliaire *être*** s'accorde avec le sujet.

EX. : Ils sont partis.

Le participe passé des **verbes pronominaux**, conjugués avec l'auxiliaire *être*, s'accorde avec le sujet ou avec le complément d'objet direct, si celui-ci est placé avant.

EX. : Ils se sont plaints des mauvaises conditions météorologiques. Les mains qu'ils se sont lavées sont encore sales. (COD = les mains)

Si le complément d'objet direct est placé après, le participe passé ne s'accorde pas.

EX. : Ils se sont lavé les mains. (COD = les mains)

Lorsqu'il n'y a pas d'objet direct ou lorsque l'objet direct est placé après, le participe passé d'un verbe conjugué avec **l'auxiliaire *avoir*** reste invariable.

EX. : Elle a bien travaillé.

Le participe passé conjugué avec l'auxiliaire *avoir* s'accorde avec l'objet direct si celui-ci est placé avant.

EX. : Il les a achetés dans ce magasin. (COD = les)

ATTENTION : Ces règles supposent que l'on soit capable d'identifier correctement un complément d'objet direct ! C'est un complément introduit par le verbe sans préposition. On peut le trouver en posant les questions qui ? ou quoi ?

EX. : Il mange sa soupe. → Il mange quoi ? = sa soupe : COD.

Exercices

1. Accordez correctement les participes passés dans les phrases suivantes, si nécessaire.

Débordé, Carine et Louise n'ont pas le temps de passer nous voir.
....

Ils se sont *donné* rendez-vous. ....

Nous nous sommes *promené* ensemble. ....

Tu as *rangé* ta chambre. ....

Nous les avons *vu* tourner à gauche. ....

Elles se sont *promis* fidélité. ....

Ils sont peu *préparé* à affronter cette épreuve. ....

Les erreurs qu'il a *fait* sont inadmissibles. ....

Ce sont les meubles que j'ai *acheté*. ....

Tu le lui as *dit* ? ....

2. Accordez les participes passés dans les phrases suivantes, si nécessaire.

Une fois (décider), Joseph et Andrée ont (déménager) très vite. Ils avaient (choisir) d'habiter en Provence. Cette région était (devenir) leur préférée après de nombreuses vacances qu'ils y avaient (passer). Le déménagement était une idée à laquelle ils s'étaient (habituer) facilement. Ils n'avaient pas (apprécier) leur vie en Auvergne. La rigueur du climat ne leur avait pas (convenir). Ils étaient (convaincre) que leur vie en Provence serait également (faciliter) par la présence de leurs enfants à leurs côtés.

3. Réécrivez cet extrait d'*Émile ou De l'éducation* (1762) de Rousseau au passé composé.

Je ne *conçois* qu'une manière de voyager, plus agréable que d'aller à cheval : c'est d'aller à pied.[…]
Combien de plaisirs différents on *rassemble* par cette agréable manière de voyager ! sans compter la santé qui *s'affermit*, l'humeur qui *s'égaye*. […] Combien le cœur *rit* quand on *approche* du gîte ! Combien un repas grossier *paraît* savoureux ! Avec quel plaisir on *se repose* à table ! Quel bon sommeil on *fait* dans un mauvais lit ! Quand on ne *veut* qu'arriver, on *peut* courir en chaise de poste ; mais quand on *veut* voyager, il *faut* aller à pied.

Fiche 4. Signes de ponctuation

Les signes de ponctuation constituent une aide précieuse à la lecture et à la compréhension du sens de la phrase. Il ne faut pas les négliger.

➥ Signes de ponctuation suivis par une majuscule

Le point signale la fin d'une phrase affirmative. Il est suivi d'une pause. Il peut également se trouver après un mot abrégé.

EX. : M. (= Monsieur)

Le point d'interrogation se place à la fin d'une phrase interrogative directe. Il indique qu'une pause doit ensuite être respectée.

EX. : A-t-il ses clés ?

Le point d'exclamation se place à la fin d'une phrase exclamative. Il manifeste une émotion particulière, ou accentue le sens injonctif de l'impératif.

EX. : Tu m'énerves ! Sors !

Les points de suspension marquent une suspension du discours. Ils sont aussi employés à la fin d'une énumération que l'on estime non close.

EX. : Il a visité Turin, Rome, Naples… Il a appris à connaître l'Italie.

➥ Signes de ponctuation qui ne sont pas suivis par une majuscule

Les deux points se placent avant des paroles rapportées au style direct, avant une citation, au début d'une énumération ou d'une explication.

EX. : Il dit : « Tu devrais venir me voir. »

Le point-virgule marque une séparation entre deux propositions. Il signale une pause plus faible que le point, mais plus forte que la virgule.

EX. : Je voulais le quitter ; il ne m'aimait plus.

La virgule sépare des éléments juxtaposés ou apposés. Elle marque une pause faible. Devant les pronoms relatifs *qui, que*, la virgule n'est généralement pas nécessaire, sauf lorsque la subordonnée a une valeur explicative.

EX. : 1) Le café que j'ai bu à cette terrasse était beaucoup trop cher.
2) Le café, que j'ai bu à cette terrasse, était beaucoup trop cher.

↪ Autres signes de ponctuation

Les guillemets sont employés dans le discours direct ou pour encadrer une citation. Ils peuvent également manifester la distance du locuteur à l'égard du terme cité.

EX. : Louis, « l'ami » de ma femme, a fait cette promesse : « Je vais vous aider. »

Le tiret, dans un dialogue, signale le changement de locuteur. Dans ce cas, il faut aller à la ligne. La phrase débute la plupart du temps par une majuscule.

EX. : « Je te souhaite une bonne année !
— Une bonne année à toi aussi ! »

Le tiret encadre également les propositions incises. Dans ce cas, il joue un rôle comparable à celui des **parenthèses.**

EX. : Le travail – et le mien tout particulièrement – suppose d'accepter des contraintes.

Attention à ne pas confondre le tiret et le trait d'union, qui permet de former un mot par composition ou de couper un mot.

EX. : porte-monnaie, bas-relief...

À l'impératif, on utilise le trait d'union entre le verbe et les pronoms personnels (y compris les pronoms *en* et *y*.)

EX. : Va-t-en.

Dans les interrogations directes, on trouve un trait d'union dans la formule *est-ce que*, ainsi qu'entre le verbe et le sujet, lorsque l'interrogation repose sur l'inversion du sujet.

EX. : Peux-tu répéter ?

REMARQUES : Les règles d'emploi de la ponctuation sont parfois dictées par la recherche de l'effet stylistique (souci de mise en valeur, de traduction d'une émotion particulière du locuteur...).

Exercices

1. Rétablissez la ponctuation dans cet extrait de *Germinal* (1885) de Zola (5e partie, chapitre 5).

Quels visages atroces balbutia Madame Hennebeau

Négrel dit entre ses dents Le diable m'emporte si j'en reconnais un seul D'où sortent ils donc ces bandits là

Et en effet la colère la faim ces deux mois de souffrance et cette débandade enragée au travers des fosses avaient allongé en mâchoires de bêtes fauves les faces placides des houilleurs[1] de Montsou À ce moment le soleil se couchait les derniers rayons d'une pourpre sombre ensanglantaient la plaine Alors la route sembla charrier du sang les femmes les hommes continuaient à galoper saignants comme des bouchers en pleine tuerie

Oh superbe dirent à demi voix Lucie et Jeanne remuées dans leur goût d'artistes par cette belle horreur

Elles s'effrayaient pourtant elles reculèrent près de Madame Hennebeau qui s'était appuyée sur une auge L'idée qu'il suffisait d'un regard entre les planches de cette porte disjointe pour qu'on les massacrât la glaçait Négrel se sentait blêmir lui aussi très brave d'ordinaire saisi là d'une épouvante supérieure à sa volonté une de ces épouvante qui souffle de l'inconnu Dans le foin Cécile ne bougeait plus Et les autres malgré leur désir de détourner les yeux ne le pouvaient pas regardaient quand même

C'était la vision rouge de la révolution qui les emporterait tous fatalement par une soirée sanglante de cette fin de siècle Oui un soir le peuple lâché débridé galoperait ainsi sur les chemins et il ruissellerait du sang des bourgeois il promènerait des têtes il sèmerait l'or des coffres éventrés […]

Un grand cri s'éleva domina la Marseillaise Du pain du pain du pain

1. Houilleurs : ouvriers qui travaillent dans les mines de charbon.

2. À la fin des phrases suivantes, placez un point, un point d'interrogation ou un point d'exclamation.

   Quelle belle prestation

   Il ne mange jamais de fromage

   La porte est-elle ouverte ou fermée

   Où peut-on trouver de beaux fruits

   Achetez mes abricots : deux kilos pour le prix d'un

3. Imaginez le dialogue entre les houilleurs de Montsou et Mme Hennebeau. Transcrivez ce dialogue au discours direct.

   ....

   ....

   ....

   ....

   ....

   ....

   ....

   ....

   ....

Fiche 5. Les accents

L'accent permet de différencier des mots dont la prononciation est proche. L'accent peut être grave, aigu ou circonflexe. Il se place sur les voyelles a, e ou u.

L'accent aigu se place sur la voyelle e uniquement. Il indique un son fermé. Si le e est la première ou la dernière lettre d'un mot, s'il termine une syllabe ou s'il s'agit de la terminaison du participe passé d'un verbe du premier groupe, il prend un accent.

EX. : édition, chanté…

L'accent grave indique un son ouvert lorsqu'il se place sur le e. Il se place aussi sur les voyelles a et u. Dans ce cas, il ne change pas la prononciation.

EX. : à, çà, là, où…

L'accent circonflexe peut se placer sur toutes les voyelles. Lorsqu'il est placé sur la voyelle e, celle-ci se prononce alors de manière ouverte.

EX. : hôpital, tête…

Il a souvent un rôle essentiel pour différencier le sens d'un mot.

EX. : la cote / la côte, pécher / pêcher, sur / sûr…

Dans les conjugaisons, l'accent circonflexe subsiste aux 1re et 2e personnes du pluriel du passé simple à l'indicatif, ainsi qu'à la 3e personne du singulier de l'imparfait du subjonctif (signe distinctif entre le passé simple et l'imparfait du subjonctif).

EX. : nous aimâmes, vous aimâtes, qu'il aimât (3e personne de l'imparfait du subjonctif).

Attention au participe passé du verbe *devoir* : la forme du masculin, accentuée, s'oppose aux formes du féminin et / ou du pluriel.

EX. : il a dû (masculin) / les sommes dues (féminin pluriel).

REMARQUE : Lorsque le radical est accentué, l'accent n'est pas toujours maintenu dans les mots dérivés.

EX. : sûr / assurer, cône / conique, jeûne / déjeuner, (dis)grâce / (dis)gracieux, extrême / extrémité…

Exercices

1. Complétez ces mots avec un ou des accents, si nécessaire.

Un interet
Un progres
Un arret
Mur
Complexe
Par-dela
Un symbole
Disgracie
Une chaine
Un congenere

2. Conjuguez les verbes suivants à la personne, au temps et au mode indiqués.

Admirer (1re personne du pluriel – passé simple, indicatif)

....

Voir (2e personne du pluriel – passé simple, indicatif)

....

Devenir (3e personne du singulier – imparfait, subjonctif)

....

Devenir (3e personne du singulier – passé simple, indicatif)

....

Lire (2e personne du pluriel – passé simple, indicatif)

....

3. Complétez avec la forme appropriée du verbe *devoir* au participe passé.

Vous avez .... renoncer à vos privilèges.
Ces cadeaux, il les lui a ....
Il a .... s'absenter.
Les inconvénients .... à la neige vont bientôt cesser.
Les difficultés .... à son handicap ne s'arrangent pas.

Fiche 6. La valeur des modes et des temps

Pour utiliser les formes verbales adaptées à ce que l'on veut exprimer, il ne faut pas seulement maîtriser la conjugaison : il faut aussi connaître la valeur des modes et des temps.

➥ Les différents modes et temps

Indicatif	*Subjonctif*	*Conditionnel*	*Impératif*	*Infinitif*	*Participe*
Présent : je chante *Passé composé* : j'ai chanté *Imparfait* : je chantais *Plus-que-parfait* : j'avais chanté *Passé simple* : je chantai *Passé antérieur* : j'eus chanté *Futur simple* : je chanterai *Futur antérieur* : j'aurai chanté	*Présent* : que je chante *Passé* : que j'aie chanté *Imparfait* : que je chantasse *Plus-que-parfait* : que j'eusse chanté	*Présent* : je chanterais *Passé* (1re forme) : j'aurais chanté *Passé* (2e forme) : j'eusse chanté	*Présent* : chante *Passé* : aie chanté	*Présent* : chanter *Passé* : avoir chanté	*Présent* : chantant *Passé* : chanté *Passé composé* : ayant chanté

➥ Valeur des modes personnels (qui admettent la distinction des personnes grammaticales)

L'indicatif évoque l'action dans sa réalité. Le fait s'est réalisé, est en train de se réaliser ou se réalisera.

EX. : Il *rentre* ce soir.

Le conditionnel évoque un fait hypothétique.

EX. : S'il se reposait davantage, il *serait* moins fatigué.

Le subjonctif permet d'évoquer une action envisagée ou hypothétique.

EX. : Je crains qu'il ne *vienne*.

L'impératif a une valeur d'ordre, de conseil, de souhait, de prière.

EX. : Ferme la fenêtre !

➥ Valeur des temps

Le présent a de très nombreuses valeurs. Il indique généralement qu'une action se déroule au moment où l'on parle.

EX. : Je pars.

Il indique aussi le passé proche, le futur proche, le présent étendu, le présent d'habitude, le présent de vérité générale.

EX. : Je m'en vais dans deux secondes ! (futur proche) Tu prends une douche tous les matins. (habitude)

Dans un contexte passé, il permet également de mettre en valeur certaines actions (présent de narration).

EX. : Louis XVI monta sur l'échafaud. Un peu plus tard, le peuple entend sa tête tomber. (présent de narration)

Le futur simple situe un fait dans l'avenir. Il peut exprimer l'ordre à la place de l'impératif. Il peut aussi avoir une valeur de présent, pour atténuer le ton de certains propos.

EX. : Tu apprendras tes leçons ! (ordre) Je te prierai d'être un peu plus poli (atténuation).

L'imparfait situe un fait dans le passé. Il exprime l'habitude ou indique qu'une action n'est pas achevée. Il sert aussi à décrire le décor de l'action ou les personnages, à préciser les commentaires du narrateur…

EX. : Il se rendait à l'école en vélo (habitude). La mer était calme ; on apercevait seulement quelques voiles à l'horizon. (temps de la description)

Le passé simple situe un fait dans le passé. Il indique des actions achevées, qui n'ont pas de lien avec le présent. Dans un récit, il marque la succession de faits. Contrairement à l'imparfait, il désigne une action soudaine, qui ne dure pas.

EX. : Il écrivit une lettre à sa sœur. Il marchait tranquillement sur le trottoir, quand une voiture le frôla à toute vitesse.

Temps composés : auxiliaire conjugué au temps simple correspondant + participe passé (passé composé, plus-que-parfait…) Ils indiquent une action accomplie.

Exercices

1. **Justifiez le mode et le temps des verbes en italiques en précisant ce qu'ils expriment.**

   Je *passerais* te voir, si tu m'invitais. ....

   Lisez ce livre, vous ne serez pas déçu. ....

   Il est possible qu'il ne m'*apprécie* pas. ....

   Je *faisais* la cuisine quand le téléphone *sonna*. ....

   Je te *demanderai* d'être plus poli. ....

   Deux et deux *font* quatre. ....

   Je *m'occupe* de toi dans deux secondes. ....

   Je *venais* te chercher au lycée tous les vendredis. ....

2. **Réécrivez les phrases suivantes aux temps composés correspondant aux temps simples employés. Précisez les modifications de sens qui en résultent.**

   Tu ne doutes jamais de rien. ....

   Le feu se propageait très rapidement. ....

   Je voudrais que tu le quittes. ....

   Si je t'écoutais, j'échouerais. ....

   Je sourirai à ses blagues. ....

3. **Conjuguez les verbes aux modes et aux temps adaptés.**

   (Accorder)-moi votre aide. ....

   Bien qu'il (être) très malhonnête, tout le monde semble lui faire confiance. ....

   Il arrive que l'on (atterrir) d'urgence. ....

   Si j'avais été élu, je (travailler) davantage. ....

   Ils étaient en train de se disputer. Soudain, son mari (frapper) à la porte. ....

Fiche 7. L'emploi du subjonctif

➥ Les temps du subjonctif

Temps simples	
Présent	*Imparfait*
Je veux que tu **fasses** tes devoirs.	Je voulais que tu **fisses** tes devoirs.

Temps composés	
Passé	*Plus-que-parfait*
Je veux que tu **aies fait** tes devoirs.	Je voulais que tu **eusses fait** tes devoirs.

L'imparfait et le plus que parfait du subjonctif sont employés dans la proposition subordonnée, lorsque la proposition principale est à un temps du passé. Le plus que parfait exprime l'antériorité de l'action de la subordonnée par rapport à celle de la principale (règle de **concordance des temps**).
Ces deux temps ne se rencontrent aujourd'hui que dans un registre de langue très soutenu.

➥ Le mode subjonctif

Dans une proposition indépendante, le subjonctif a généralement une valeur d'ordre ou de souhait.

EX. : Qu'il se prépare ! (ordre)
Puissiez-vous obtenir le résultat que vous espériez !

Il peut également avoir une valeur d'hypothèse.

EX. : Qu'il me menace, je m'enfuis. (= S'il me menace...)

Dans une proposition subordonnée, le subjonctif s'emploie avec **des verbes** qui expriment :

- la volonté, le désir, le souhait.

  EX. : J'aimerais qu'il vienne.
  Je souhaite qu'il vienne.
  Je désire qu'il vienne.

- la nécessité, l'obligation.

  EX. : Il faut que tu me croies.

- l'émotion, le sentiment, l'appréciation.

  EX. : Je crains qu'il ne vienne.
  Je suis heureuse qu'il soit venu.

- la possibilité, l'impossibilité, la probabilité, le doute.

  EX. : Il est probable qu'il soit rentré chez lui.
  Il n'est pas certain qu'il puisse répondre au téléphone.

Le subjonctif s'emploie aussi dans des phrases subordonnées **après certaines conjonctions ou locutions conjonctives** exprimant :

- la manière.

  EX. : Ils sont partis sans que leurs amis ne leur aient dit au revoir.

- le temps.

  EX. : Je peux travailler jusqu'à ce qu'il arrive.
  Je m'habille avant qu'il m'appelle.

- la condition.

  EX. : Nous réussirons à condition qu'ils nous aident.

- le but.

  EX. : Je suis disponible pour qu'il me pose des questions.

- la concession.

  EX. : Nous l'aimons, bien qu'il soit souvent insolent.

- la cause.

  EX. : Il est discret, de peur que je ne le surprenne.

Exercices

1. Conjuguez le verbe entre parenthèses au présent de l'indicatif ou au présent du subjonctif.

   Je veux qu'il (faire) des efforts. ....

   Il affirme que vous (accomplir) correctement vos missions.
   ....

   Quoi qu'il (advenir), je te soutiendrai. ....

   Vous devez nous rappeler pour que nous (constituer) votre dossier. ....

   Il faut que tu (finir) de repeindre ton mur. ....

   Je crains qu'il ne (pouvoir) pas nous rejoindre. ....

   Je m'étonne qu'ils ne (savoir) pas ton nom. ....

   Il est probable que vous (devoir) reporter votre voyage. ....

2. Réécrivez les phrases suivantes en exprimant la probabilité ou l'incertitude.

   Je ne suis pas le meilleur pour ce travail.
   ....

   Vous n'arriverez jamais à l'heure. ....

   Mon oncle est en train de mourir du cancer.
   ....

   Ce médicament peut me guérir. ....

   Ils devront économiser pour payer leurs dettes.
   ....

3. Conjuguez le verbe de la subordonnée au temps du subjonctif qui convient.

   Il souhaitait que son fils l'(appeler). ....

   J'aurais aimé que Léo (faire) plus d'efforts. ....

   Il n'était pas certain qu'il (pouvoir) participer au concours.
   ....

   Je veux qu'il (réfléchir) à son avenir. ....

   Tu craignais qu'il ne (résister) pas à un tel traitement. ....

Fiche 8. L'emploi des prépositions

La préposition est **un mot invariable** qui peut exprimer le lieu, le temps, la cause, la manière, le but…
Quelques exemples de prépositions : à, de, dans, par, pour, sur, avec, sans, sous, chez, avant, après, depuis, selon, envers, sauf…

Lorsque la préposition comporte plusieurs mots, on parle alors de **locution prépositive**.

EX. : à cause de, afin de, à l'abri de, à force de, à l'exception de, à l'insu de, à moins de, au-delà de, au lieu de, auprès de, autour de, avant de, d'après, d'entre, de peur de, du côté de, en dehors de, en dépit de, en faveur de, en sus de, face à, faute de, grâce à, hors de, loin de, près de, quant à, sauf à…

Certaines prépositions, fréquemment utilisées, ont un sens faiblement déterminé.

- **Avec** : peut désigner l'instrument (il joue avec une petite voiture), l'accompagnement (il est avec lui), la manière (il a réussi avec brio), la matière (il a cousu avec un fil doré)…
- **Par** : sens causal (il a renoncé par découragement), sens spatial (il est passé par là), sens temporel (il sort par beau temps)…
- **Pour** : exprime le but (il travaille pour réussir), la cause (il a échoué pour avoir voulu trop bien faire)…
- **À** : sens spatial (il est au lit), sens temporel (il rentre à cinq heures), marque la destination (une machine à écrire)…
- **De** : marque la provenance, l'origine (un homme de la campagne), la matière (un fil de fer), la cause (il meurt de faim), un rapport du contenant au contenu ou de la partie au tout (un sac de farine)…
- **En** : introduit des compléments de manière (il mange en silence), des moyens de locomotion (j'y vais en train)…

Quelques erreurs à éviter

On évite de finir une phrase par une préposition.

EX. : Je n'ai pas mon cartable. Ce matin, je suis parti sans*. → Je suis parti sans mon cartable ce matin. C'est pourquoi je ne l'ai pas.

Attention au complément de nom : la maison de ma sœur (et non : la maison à ma sœur*).

Grâce à suppose une conséquence positive, ce qui n'est pas le cas *de à cause de*.

EX. : Il a réussi grâce à ses efforts.
Il a échoué à cause de ses étourderies.

Aller à / en : suppose que l'on va dans un lieu, ou à un spectacle.

EX. : aller au théâtre, aller en Bourgogne.

Aller chez : suppose que l'on va voir une personne.

EX. : aller chez le coiffeur.

En : introduit un moyen de transport qui enferme au moins partiellement son utilisateur.

EX. : voyager en voiture, en train, en bateau…

Dans les autres cas, on utilise la préposition *à*.

EX. : Il se promène à cheval.

La préposition *après* a un sens temporel.

EX. : Il est arrivé après lui. (On ne peut être fâché après quelqu'un*. Dans ce cas, on dit : Il est fâché contre lui.)

Se rappeler n'est pas construit avec une préposition, contrairement à *se souvenir*.

EX. : Je me rappelle les années que j'ai passées au lycée.
Je me souviens des années que j'ai passées au lycée.

Pallier est construit sans préposition (ne pas confondre avec la construction de *remédier*. Ex. : J'ai remédié à ce problème.)

EX. : J'ai pallié ses faiblesses en grammaire.

Avoir rapport à : se rattacher à / *avoir rapport avec* : être en relation (avec quelqu'un)

Croire à : tenir un fait pour probable, croyable / *croire en* : suppose une adhésion personnelle (proche de la foi)

L'emploi de *faute*.

EX. : C'est votre faute… (non pas : C'est de votre faute*.)

L'emploi de *pareil à*.

EX. : Notre attitude est pareille à la vôtre (et non pareille que)

Exercices

1. Identifiez les prépositions dans les phrases suivantes et précisez leur sens.

    Il a voyagé avec son frère. ....

    Nous passerons à la caisse après toi. ....

    Vous êtes auprès de lui ? ....

    Je suis désormais sans argent. ....

    Elle manque de tout. ....

2. Complétez les phrases suivantes avec les prépositions qui conviennent.

    Il est allé .... le dentiste.

    Je suis fâchée .... lui.

    Elle a obtenu le baccalauréat .... son professeur.

    Il a lu cette information .... le journal.

    Tu vas à l'école .... bus.

3. Faites des phrases avec les locutions prépositionnelles suivantes.

    Avant de

    ....

    Au lieu de

    ....

    Grâce à

    ....

    À cause de

    ....

    Au profit de

    ....

Fiche 9. L'emploi des pronoms

Un pronom remplace un ou plusieurs mots, parfois toute une proposition. La forme des pronoms peut varier selon leur fonction dans la phrase.

EX. : pronom personnel de la première personne = je (sujet), me (objet)

➥ L'emploi des pronoms personnels

Sujet	*COD*	*COI*	*Pronom tonique*
Je	Me	Me	Moi
Tu	Te	Te	Toi
Il	Le	Lui	Lui
Elle	La	Lui	Elle
Nous	Nous	Nous	Nous
Vous	Vous	Vous	Vous
Ils	Les	Leur	Eux
Elles	Les	Leur	Elles

REMARQUE : À l'écrit, il ne faut pas abuser du pronom personnel indéfini *on*. Il faut surtout faire attention à rester cohérent dans l'usage des pronoms. Avec « on », il faut utiliser dans la suite de la phrase les pronoms de la 3e personne du singulier. Avec « nous », il faut ensuite utiliser des pronoms de la 1re personne du pluriel.

EX. : **Nous**, **on** veut **s'**engager dans l'association*. → **Nous**, **nous** voulons **nous** engager dans l'association.

Ordre des pronoms personnels :

- Sujet+COI+COD.

  EX. : Je te le donne. (te = COI, le = COD)

- Sujet+COD+COI, quand les pronoms personnels compléments sont de la 3e personne.

  EX. : Je les leur donne. (les = COD, leur = COI)

Attention au choix des pronoms, pour reprendre certains noms ou groupes nominaux.

EX. : Une personne voulait te parler. Il* était peu aimable ! → Le nom *personne* doit être repris par *elle*.

La fonction publique doit participer aux efforts de réduction de la dette de l'État. Ils* doivent faire des économies. → *La fonction publique* est un nom collectif qui ne peut être repris par un pronom personnel pluriel. On peut réécrire ces deux phrases ainsi : Les fonctionnaires doivent participer… Ils…

➥ L'emploi des pronoms adverbiaux *en* et *y*

Y remplace un groupe nominal non humain, complément d'objet indirect, précédé de la préposition *à*.

EX. : Je pense à passer te voir. → J'y pense.

En remplace un groupe nominal introduit par *de*.

EX. : Ils parlent de nous. → Ils en parlent.

En et *y* ne peuvent représenter une personne.

EX. : Je parle de lui. Et non : J'en parle*.

➥ L'emploi des pronoms démonstratifs

Ceci annonce ce qui va suivre. *Cela* reprend ce qui a déjà été dit.

EX. : Je veux te dire ceci : « Tu me manques. » Depuis qu'elle m'a dit cela, je vais mieux.

➥ L'emploi des pronoms relatifs

Les formes du pronom relatif correspondent à des fonctions grammaticales précises :

Qui = sujet ou *préposition* + *qui* = complément indirect (*à qui, de qui*)

EX. : C'est l'homme qui m'a agressée.

Que = COD, attribut du sujet, complément circonstanciel de temps ou de quantité.

EX. : Les kilomètres qu'elle parcourut pour le rejoindre lui parurent longs.

Quoi = complément indirect, qui doit avoir pour antécédent les pronoms *ce*, *quelque chose*, *rien* ou toute une proposition.

EX. : C'est ce sur quoi il travaille actuellement.

Dont = remplace un nom ou un pronom précédés de la préposition *de*.

EX. : Je t'ai parlé de lui. C'est le garçon dont je t'ai parlé.

Où = complément circonstanciel de lieu ou de temps.

EX. : Je ne connais pas le pays d'où il vient. Je me souviens de l'époque où je pouvais courir le marathon.

Pour éviter toute confusion sur l'antécédent, on peut utiliser le pronom relatif *lequel*, variable en genre et en nombre (*lequel, laquelle, lesquels, lesquelles, auquel / duquel, à laquelle / de laquelle, auxquels / desquels, auxquelles / desquelles*). Cette forme est parfois précédée d'une préposition.

EX. : Le frère de ces enfants, lequel est majeur, pourra s'occuper d'eux. Il continue à défendre les principes pour lesquels il s'est battu toute sa vie.

Attention aux problèmes de construction de la proposition relative, en particulier avec le pronom relatif *dont*.

EX. : C'est la voiture dont elle s'en souvient.* (effet de redondance : dont / en) → C'est la voiture dont elle se souvient.

Exercices

1. Complétez les phrases suivantes avec le (ou les) pronom(s) personnel(s) qui convient (nnent).

   .... vont se disputer, si .... n'intervenons pas.

   Elle me déplaît, ... ne veux plus .... voir ici.

   Il a acheté des cadeaux pour ses enfants. Hier, il .... a donnés.

   L'élève a rendu son devoir au professeur. Ce dernier .... a corrigé rapidement.

   Ils ont cueilli des cerises. .... ont mangé plus qu'.............. n'.............. ont mis dans leur panier.

2. Répondez aux questions suivantes en utilisant le pronom qui convient.

   Penses-tu à ton fils ? ....

   Avez-vous assez de pain ? ....

   Te souviens-tu de tes vacances ? ....

   Voulez-vous plus de soutien ? ....

   Travaillez-vous dans ce magasin ? ....

3. Complétez les phrases suivantes avec le pronom relatif qui convient.

   Les médicaments .... le médecin m'a prescrits sont inefficaces.

   C'est lui .... doit être puni.

   La candidate .... je pense serait très compétente pour le poste.

   La mère .... je garde les enfants travaille à l'usine.

   L'Espagne est le pays .... je voudrais habiter.

Fiche 10. Éviter les équivoques

➥ La construction des infinitifs, participes et gérondifs sans sujet propre

Lorsqu'ils n'ont pas de sujet propre, les infinitifs, participes et gérondifs se rapportent au sujet de la phrase.

EX. : En mangeant, il discute avec elle. (= C'est lui qui mange.)

Pour éviter des équivoques, on peut remplacer l'infinitif, le participe ou le gérondif par une proposition subordonnée conjonctive.

EX. : Comme son bébé était épuisé par une bronchiolite, il l'a conduit chez le médecin. (et non : Épuisé par une bronchiolite, il a conduit son bébé chez le médecin. → Dans ce cas, on devrait comprendre que c'est le père qui est malade.)

➥ Les pronoms personnels

Si une phrase contient plusieurs noms au même genre ou au même nombre, l'emploi des pronoms personnels peut prêter à confusion. On peut utiliser *celui-ci*, *celui-là*, des relatifs, des synonymes ou même accepter une répétition, pour éviter les équivoques.

EX. : La jeune fille voudrait avoir une discussion avec à sa mère. Elle la provoque un soir, après l'école. Malheureusement, elle ne lui apporte rien.

Ces phrases posent un problème de référents des pronoms. On peut réécrire ainsi les deux dernières : [...] Elle provoque cette discussion un soir, après l'école. Malheureusement, celle-ci ne lui apporte rien.

➥ Les adjectifs possessifs

Il peut y avoir confusion par l'emploi d'un adjectif possessif. Il est parfois nécessaire de préciser.

EX. : Le chat poursuit la souris pour la manger. C'est son plus grand effort de la journée. (effort pour le chat ? pour la souris ?) → C'est un grand effort pour ce matou. (ou : C'est un grand effort pour la souris de fuir ainsi...)

Exercices

1. Identifiez le terme auquel se rapportent les infinitifs, participes ou gérondifs dans les phrases suivantes. Dites s'ils ont un sujet propre. Réécrivez la phrase lorsqu'elle ne vous semble pas cohérente.

   J'entends mon mari chanter dans la cuisine. Chantant dans la cuisine, je parle à mon mari.

   Les vacances étant finies, nous devons repartir.

   Félicitée par ses collègues, le patron la remercie pour son travail.

   Ayant remboursé son prêt, la banque ne lui envoie plus de lettres menaçantes.

   Resté seul, il s'ennuie.

2. Dans les phrases suivantes, supprimez l'équivoque due à l'emploi des pronoms personnels en italique.

   Louis discute souvent avec son oncle, mais *il* (l'oncle) n'est jamais très à l'écoute.

   La voiture a tué sa fille. *Elle* (sa fille) a été emportée par un chauffard.

   La clarinette est la passion de Marie. *Elle* (Marie) y consacre de nombreuses heures.

   Il ne sait plus quoi faire pour son fils. *Il* (son fils) ne veut jamais écouter ses conseils.

   Elle voudrait chasser cette mouche. *Elle* (la mouche) fait un bruit agaçant.

3. Supprimez les équivoques liées aux adjectifs possessifs en italique dans les phrases suivantes. Il existe parfois plusieurs possibilités.

   Jean et sa sœur vont au cinéma. Voir un film est *son* plaisir.

   Il s'assoit à côté d'elle. Il a posé *son* manteau sur la chaise.

   Elle se promène avec lui le long de la rivière. Elle regarde *son* reflet dans l'eau.

   La mère Michel est allée le voir. Il cherche *son* chat.

   Il est heureux de passer deux jours chez son ami. Il n'aime toutefois pas coucher dans *son* lit.

Fiche 11. Les homophones

Les homophones sont des mots qui ont la même prononciation, même s'ils n'ont pas la même orthographe. Ils sont à l'origine d'un certain nombre de confusions.

A / à : verbe *avoir* / préposition. EX. : Il a un enfant. / Elle est à Paris.

Ont / on : verbe *avoir* / pronom personnel indéfini. EX. : Ils ont des enfants. / On mange.

Est / et : verbe *être* / conjonction de coordination. EX. : Il est agréable. / Toi et moi…

Sont / son : verbe *être* / adjectif possessif. EX. : Ils sont heureux. / Il doit faire son exercice.

Leur / leurs : Si on peut remplacer par *lui* au singulier, *leur* est un pronom invariable. Sinon, *leur* est un adjectif qui s'accorde. EX. : Je leur (lui) montre le chemin. / Leurs examens se sont bien déroulés. Ils ont reconnu les leurs.

On / on n' : *On n'* se retrouve dans une phrase négative. EX. : On aime ce film. / On n'aime pas aller au cinéma.

Ou / où : *Ou* est une conjonction de coordination, que l'on peut remplacer par *ou bien*. Dans les autres cas, on écrit *où*. EX. : Tu peux choisir le fromage ou le dessert. / Je me demande où il est.

Peu / peux / peut : *Peu* a le sens de « pas beaucoup ». Les autres formes sont les formes conjuguées du verbe *pouvoir*. EX. : Il s'en soucie peu. / Il peut partir seul en vacances.

Peut être / peut-être : verbe *pouvoir* + *être* / *probablement*… EX. : Il peut être gentil. / Il est peut-être gentil.

Quand / quant / qu'en : *quand* = notion de temps / *quant* suivi de *à*, *au*, *aux* / *qu'en* = *que…de cela*. EX. : Quand il fera beau, j'irai faire du vélo. / Quant à moi, je partirai en mars. / Qu'en penses-tu ?

Plus tôt / plutôt : *avant le moment prévu* / notion de préférence. EX. : Il vient le chercher plus tôt que prévu. / Je préférerais que tu choisisses cette veste plutôt que celle-là.

Notre / nôtre, votre / vôtre : *nôtre* et *vôtre* sont toujours précédés d'un article défini (*le, la, les*). EX. : C'est notre maison / C'est la nôtre. Il a volé votre porte-monnaie. Il est des vôtres.

Davantage / d'avantage : *plus de* / *de* + *avantage* (notion de bénéfice). EX. : Je lui ai demandé davantage d'argent. / Il n'y a pas d'avantage à le changer d'école.

Exercices

1. Remplacez par notre / nôtre, votre / vôtre.

Vous devez y mettre du ....

C'est .... fils, et non le ....

Tu es des ...., si tu obéis à .... règlement.

Ces meubles que vous avez achetés sont désormais les ....

2. Remplacez par davantage / d'avantage.

Il me faut .... de farine pour faire mon gâteau.

Vous ne pouvez pas profiter .... particuliers avec cette carte.

Il y a plus .... que d'inconvénients à entreprendre ce voyage.

Fait-il .... d'efforts ?

3. Il y a beaucoup d'autres homophones que ceux cités ci-dessus. Recherchez-en quelques autres, et précisez leur sens.

....

....

....

....

....

Fiche 12. Le mot juste

Il est toujours utile, pour choisir le mot juste, de s'aider du dictionnaire, qui reste l'outil par excellence de tout auteur. On pourra utiliser un dictionnaire des noms communs et des noms propres. Mais on pourra également se reporter à un dictionnaire des synonymes, qui permet d'enrichir le vocabulaire, ainsi qu'à un dictionnaire des difficultés de la langue française, qui présente par ordre alphabétique les principales erreurs à éviter.

Il faut être attentif au sens des mots, que l'on trouve dans le dictionnaire, et que l'on appelle la **dénotation**.
Certains mots peuvent avoir plusieurs sens. On les qualifie de **polysémiques**.

> EX. : renard = animal / fourrure.

Aux différents sens d'un mot s'ajoute sa **connotation**. La connotation peut être positive (méliorative) ou négative (péjorative).

> EX. : crédule = personne qui fait confiance, mais qui témoigne aussi d'une certaine naïveté (sens péjoratif) / confiant (sens plus neutre). Pour dire que quelqu'un est gros, on peut employer le mot *plantureux*, qui est plutôt mélioratif, ou le mot *énorme*, qui est péjoratif.)

La connotation d'un mot varie également en fonction de l'émetteur et du récepteur du message, de leurs expériences personnelles et de leur culture.

> EX. : Pour certains, le terme « crèche » renvoie à Noël et à la tradition catholique, pour d'autres, à un espace d'accueil du jeune enfant d'âge préscolaire.

La dénotation et la connotation d'un mot forment son **champ sémantique**, c'est-à-dire l'ensemble des significations qu'il peut prendre selon le contexte.

Attention à éviter les termes imprécis, vides de sens ou approximatifs, tels que *bon, chose, bien, ça, il y a...* Il faut s'efforcer de les remplacer par des termes plus précis.

> EX. : La guerre de 14-18 est une chose dramatique = un événement dramatique, un épisode dramatique de l'histoire.

Exercices

1. Expliquez les termes polysémiques suivants.

   Facteur • Figure • Propre • Souris • Léger

2. Explicitez les connotations des termes suivants.

   Lourd • Gentil • Sublime • Blanchâtre • Rouge

3. Réécrivez les phrases suivantes en remplaçant les termes ou expressions en italique par des formulations plus expressives.

   Il y a beaucoup d'élèves en échec scolaire au lycée.

   ....

   Ça fait longtemps que tu me demandes un rendez-vous.

   ....

   Le repas de ce soir est *bon*.

   ....

   Je ne veux qu'une seule *chose* : que tu me respectes.

   ....

   Je n'ai pas été malade depuis longtemps. Je vais *bien*.

   ....

   Il y a beaucoup de *personnes* qui assistent à cette pièce de théâtre.

   ....

   J'ai cru ma dernière heure arrivée. J'ai eu *peur*.

   ....

   En 1977, je suis allé *quelque part* pour les vacances d'été. Je me souviens seulement que c'était au sud de la France.

   ....

   J'aime *bien* cette musique. Elle est *super* !

   ....

   Je t'ai donné de l'argent. Débrouille-toi avec *ça* !

   ....

Fiche 13. Des verbes expressifs

Les verbes *avoir, être, dire, faire, mettre, donner…*, qui font partie des verbes les plus utilisés de la langue française, peuvent souvent être remplacés par des verbes d'un sens plus précis, ce qui permet également d'éviter les répétitions.

➥ Quelques synonymes du verbe *avoir*

posséder, tenir, détenir, obtenir, jouir de, bénéficier de, disposer de, ressentir, éprouver, tromper, attraper, voler, abuser, berner, duper, vaincre, se procurer, acheter, acquérir, emporter, obtenir…

➥ Quelques synonymes du verbe *être*

exister, vivre, subsister, exercer la fonction / le métier de, consister en, constituer, représenter, appartenir, aller, se porter, se sentir, avoir lieu, se trouver, exister, se produire, se voir, se rencontrer, se présenter…

➥ Quelques synonymes du verbe *dire*

- murmurer, chuchoter, susurrer, marmonner…
- sangloter, pleurer, pleurnicher, geindre, gémir, se plaindre…
- crier, s'écrier, s'exclamer, hurler, tonitruer (rare), vociférer (soutenu), brailler (fam.), gueuler (très fam.), fulminer, tonner…
- grogner, bougonner, grommeler, râler, protester…
- chanter, se réjouir, jubiler, exulter (exprimer une joie extrême), s'amuser, rire, plaisanter…
- bredouiller, bafouiller, bégayer, balbutier, hoqueter…
- affirmer, assurer, attester, avouer, certifier, confirmer, confesser, déclarer, divulguer, garantir, proférer, promettre, révéler, signaler, soutenir, témoigner…
- contester, dénoncer, nier, protester, se moquer, railler, persifler…
- démontrer, développer, expliquer, exposer, raconter, narrer…
- demander, questionner, (s')interroger…

- réagir, répliquer, répondre, rétorquer…
- exiger, imposer, ordonner…

➥ Quelques synonymes du verbe *faire*

accomplir, agir, apprêter, bâcler (péjoratif), bâtir, causer, commettre, composer, constituer, construire, créer, écrire, édifier, effectuer, élever, enfanter, engendrer, ériger, établir, exécuter, exercer, fabriquer, fonder, instaurer, instituer, mesurer, occasionner, opérer, perpétrer, peser, pratiquer, préparer, procréer, produire, provoquer, réaliser, rédiger, s'habituer (synonyme de *se faire*), travailler…

➥ Quelques synonymes du verbe *mettre*

- placer, disposer, poser, apposer, déposer, superposer, poster, ranger, installer, appuyer, étaler, étendre, appliquer, tartiner, jeter, enfoncer, engager, introduire, glisser, empiler, entasser, inscrire, porter, enterrer, planter, attacher, unir, assembler, rassembler, insérer, enclencher, joindre, mêler, couvrir, recouvrir, miser, risquer, investir…
- endosser (un vêtement), enfiler, passer, revêtir, s'habiller, chausser, porter, essayer…
- se placer, se fourrer, se glisser, s'insinuer, s'introduire, s'installer, se former, s'organiser, se disposer, s'ordonner, se ranger…
- commencer, débuter, entreprendre, entamer, démarrer, se lancer…

  EX. : Il se met à travailler. → Il entreprend de travailler.
- mettre à part = distinguer, différencier, discriminer, séparer, spécifier, analyser, caractériser, repérer, reconnaître, voir, remarquer, discerner, choisir, préférer, excepter, écarter, éliminer, exclure, retrancher, enlever, ôter, supprimer, préserver, réserver.
- autres sens : mettre au monde = accoucher, mettre le feu = allumer, embraser, enflammer, mettre en pièces = pulvériser, déchiqueter, déchirer, détruire…

➥ Quelques synonymes du verbe *donner*

offrir, céder, léguer, attribuer, accorder, attacher, conférer, déposer, laisser, confier, remettre, fournir, communiquer, transmettre, procurer, décerner, distribuer, octroyer, prodiguer, abandonner, concéder, doter, vendre, payer, verser, louer, apporter, avancer, présenter, tendre, prêter, administrer (une gifle, par exemple), frapper, choquer, assommer, battre…

Exercices

1. Réécrivez ce fragment de scène au discours indirect. Veillez à varier les verbes introducteurs de paroles et à ne pas toujours utiliser le verbe *dire* (extrait de Molière, *Le Misanthrope* (1666), acte I, scène 1).

   PHILINTE, ALCESTE

   PHILINTE
   Qu'est-ce donc ? Qu'avez-vous ?

   ALCESTE
   Laissez-moi, je vous prie.

   PHILINTE
   Mais encor, dites-moi, quelle bizarrerie…

   ALCESTE
   Laissez-moi là, vous dis-je, et courez vous cacher.

   PHILINTE
   Mais on entend les gens, au moins, sans se fâcher.

   ALCESTE
   Moi, je veux me fâcher, et ne veux point entendre.

2. Remplacez le verbe *faire* par un verbe plus expressif dans les phrases suivantes.

   J'ai fait un excellent travail pour mon patron. ....
   Je lui ai fait un pull-over. ....
   Quand je vais en vacances, j'aime bien faire des photos. ....
   Pour te réchauffer, essaie de faire un feu. ....
   Excuse-moi, j'ai fait une erreur. ....

3. Remplacez le verbe *mettre* par un verbe plus expressif dans les phrases suivantes.

   J'ai mis mon manteau pour sortir. ....
   Je mets de la crème sur tes boutons. ....
   Elle a mis au monde son deuxième enfant. ....
   Il a mis la lumière. ....
   Vous devriez mettre votre argent en bourse. ....

Fiche 14. Synonymes, antonymes

Deux termes **synonymes** ont la même signification. L'emploi d'un synonyme peut permettre d'éviter une répétition.

EX. : Il est énervé. / Il est nerveux, agité, excité…

Mais attention aux légères différences qui existent toujours entre deux termes apparemment équivalents. Ces différences portent sur l'intensité, l'emploi, les connotations.

EX. : *Hideux* est un synonyme de *laid*. Mais *hideux* est un terme plus intense que *laid*.

Plantureuse a des connotations positives. *Obèse* est un terme connoté de manière plus péjorative.

REMARQUE : Pour trouver des synonymes, on peut s'aider d'un dictionnaire des synonymes.
Il est parfois utile également d'utiliser des périphrases.

EX. : *l'or noir* = périphrase pour désigner *le pétrole*.

Un **antonyme** est un terme dont le sens est opposé à celui d'un autre.

EX. : *chaud* est l'antonyme de *froid*.

Pour éviter les répétitions, on peut utiliser l'antonyme d'un terme, précédé d'une tournure négative.

EX. : Il faisait très chaud dans cette pièce. Nous avions nous-mêmes très chaud. → Nous n'avions nous-mêmes vraiment pas froid.

Exercices

1. Donnez les synonymes des termes suivants.

Adversaire ....

Neuf ....

Heureux ....

Mort ....

Lit ....

2. Donnez les antonymes des termes suivants.

Fort ....

Gentillesse ....

Vieux ....

Laid ....

Aimer ....

Simple ....

Disputer ....

Liberté ....

3. Formez les antonymes des termes suivants en utilisant les préfixes adaptés.

Hypocalorique ....

Monogame ....

Rétrospective ....

Légal ....

Extraverti ....

Entente ....

Joindre ....

Normal ....

Fiche 15. Néologismes, anglicismes, archaïsmes

Les néologismes, anglicismes et archaïsmes doivent généralement être évités à l'écrit. Ce sont des termes qui risquent d'être mal compris et inadaptés au destinataire.

Les néologismes sont des nouveaux mots apparus dans la langue. Ils ne figurent généralement dans aucun dictionnaire, même s'ils peuvent être d'emploi courant.

Les néologismes sont nombreux dans les domaines scientifiques, techniques, commerciaux, dans la presse, et parfois en littérature. Dans ce dernier cas, ils manifestent l'originalité du style d'un écrivain. Mais ces termes, dans un texte écrit soigné, doivent la plupart du temps être évités.

EX. : réunionite (manie de la réunion), sinistrose (pessimisme systématique), s'éclater (s'amuser sans limite)…

Les anglicismes sont des termes d'origine anglo-saxonne. Il faut s'efforcer de trouver des équivalents français de ces anglicismes.

EX. : *faire un break*, peut sans difficulté être remplacé par : faire une pause.

Il faut également être attentif à certaines influences moins évidentes de l'anglais, qui sont mal tolérées à l'écrit. Par exemple, en français, le verbe « réaliser » signifie « rendre réel ». Or ce verbe est souvent employer avec son sens anglais qui est « se rendre compte de » (*to realize*). Autres exemples : *assumer* : préférer *présumer*, *supposer* ; *finaliser* : préférer *terminer* ; *initier* (une nouvelle règle…) : préférer *instaurer* (*initier* a le sens de commencer à apprendre)

Les archaïsmes doivent également être évités. Ce sont des mots vieillis, qui ne sont plus d'usage courant dans la langue.

EX. : moult (beaucoup), choir (tomber), occire (tuer), ouïr (entendre)…

REMARQUE : Ces archaïsmes peuvent parfois avoir des vertus littéraires ou constituer un clin d'œil plaisant à la langue ancienne.

Exercices

1. Expliquez le sens des néologismes suivants (Raymond Queneau).

Capitalistement ....

Infirmeux ....

Littératurer ....

Gluantise ....

Pharmaceux ....

Curriculumviter ....

2. Donnez un équivalent français des anglicismes suivants.

Un abstract ....

Un fast-food ....

Un mail ....

Un challenger ....

Low cost ....

Dispatcher ....

Packaging ....

Coach ....

Staff ....

Background ....

3. Expliquez le sens des archaïsmes suivants.

Amant ....

Badinage ....

Inquiet ....

Soufflet ....

Souffrir ....

Cependant ....

Hymen ....

Imbécile ....

Cœur ....

Feu ....

Fiche 16. Homonymes, paronymes

Les homonymes sont des mots dont l'orthographe et la prononciation sont identiques, mais qui ont des sens différents.

EX. : un tableau (quadrillage) / le tableau noir (à l'école)

Les homographes ont une orthographe identique, mais leur prononciation et leur sens sont différents.

EX. : un parent / ils se parent de leurs plus beaux bijoux

Les homophones ont une prononciation identique, mais leur orthographe et leur sens sont différents.

EX. : vers (préposition) / vert (couleur) / ver (petit animal)

Les paronymes ont des formes et des prononciations proches, sans être strictement identiques. Il faut y être attentif, car ils sont d'importantes sources d'erreurs.

Quelques exemples :

- acceptation (action d'accepter)/ acception (sens donné à un mot)
- agonir (insulter) / agoniser (être proche de la mort)
- collision (choc) / collusion (entente secrète entre des partis ou des personnes)
- conjecture (supposition) / conjoncture (concours de circonstance, occasion)
- habileté (qualité de celui qui est habile) / habilité (apte à)
- suggestion (action sur l'esprit pour imposer une pensée) / sujétion (domination)…

Exercices

1. Complétez les phrases à l'aide des homonymes suivants.

poignée / poignet
plainte / plinthe
amande / amende

Il s'est cassé le ....

Elle est restée accrochée à la .... de la porte.

Il a refait son mur, sans oublier les ....

J'écoute la .... des loups.

Il a les yeux en ....

À force de rouler trop vite, j'ai eu une ....

2. Précisez la différence de sens entre les paronymes suivants.

Pécher / pêcher ....

Diptyque / distique ....

Irruption / éruption ....

Enfantin / infantile ....

Bailler / bâiller ....

3. Faites une phrase avec chacun des paronymes suivants.

Adhérence / adhésion ....

Encre / ancre ....

Imminent / éminent ....

Luxe / luxure ....

Perpétrer / perpétuer ....

Fiche 17. Barbarismes et impropriétés

Le barbarisme est la déformation involontaire d'un mot ou d'une forme.

EX. : rénumérer* = rémunérer ; je vous serais gré* = je vous saurais gré ; des problèmes pécuniers* = des problèmes pécuniaires (financiers)…

L'impropriété consiste à employer une forme qui existe, mais à laquelle on prête un sens inexact, ou dans un contexte inapproprié.

Quelques erreurs à éviter

Amener : s'emploie pour des personnes / *apporter* : s'emploie pour des choses. EX. : J'amène mon enfant à l'école. À quatre heures, je lui apporte un goûter.

Soi-disant : ne s'emploie que pour ce qui est animé. EX. : un soi-disant plombier (quelqu'un qui se prétend plombier). On ne peut donc pas dire : un soi-disant bijou de valeur. Il faut alors dire : un prétendu bijou de valeur.

Jadis : il y a longtemps / *naguère* : il n'y a guère de temps

Une alternative : suppose un choix entre deux solutions. EX. : Il est face à l'alternative suivante : il continue la course, et il risque de se blesser, ou il abandonne et il perd toute chance d'être champion un jour. (*alternative* n'est pas le simple synonyme de *possibilité*).

L'emploi de *rentrer* suppose qu'on est sorti du lieu. Si tel n'est pas le cas, choisir le verbe *entrer*.

Éviter également l'expression *au niveau de*, ou pire *au niveau*. Remplacer par *en ce qui concerne*. EX. : au niveau scolarité… non ! à remplacer par : En ce qui concerne sa scolarité…

Ne pas dire *de façon à ce que* ou *de manière à ce que*, mais *de façon que* et *de manière que*.

Il *s'est ensuivi* une amélioration (et non : il s'en est suivi*…)

Elle mange *trop* (et non : de trop*)

*Veillez à ce qu'*il soit couché à l'heure (et non veillez que*…)

Avoir affaire à ou *avec* / *avoir à faire* : deux façons d'écrire correctes l'une et l'autre, avec pratiquement le même sens. Mais *affaire* l'emporte dans l'usage, sauf lorsque le sens « faire quelque chose » l'emporte clairement.

Acquis = participe passé du verbe *acquérir* (connaissances ou expérience) / *acquit* : en rapport avec l'idée de paiement (quittance, acquitter)

Exercices

1. Choisissez la forme adaptée. Attention, l'une d'entre elles est un barbarisme.

   Le métier d'infirmière – d'infermière exige beaucoup de dévouement.

   Ce métier n'est pas correctement rénuméré – rémunéré.

   Je suis omnubilé – obnubilé par cette idée.

   Il doit décoller à l'aéroport – l'aréoport de la ville.

   C'était une vision enchanteuse – enchanteresse.

2. Choisissez le terme qui vous semble adapté dans la phrase.

   Lorsqu'il a entendu la réponse, il est resté prosterné – prostré pendant des heures.

   La vipère est un serpent vénéneux – venimeux.

   J'apporte – j'emmène mes enfants à l'école.

   Tu m'as induit – enduit en erreur.

   L'incendie a été circoncit – circonscrit.

3. Corrigez les incorrections suivantes.

   En définitif, il a échoué.

   Il a dit que c'était de ma faute.

   Il a recouvert l'usage de ses jambes.

   Sa façade est décrépite.

   Le soi-disant repas était en fait un simple apéritif.

Fiche 18. L'ordre des mots

L'ordre des mots constitue une indication sur la fonction des mots dans la phrase et donc sur le sens de celle-ci. L'ordre habituel des mots est généralement : sujet, verbe, complément (attribut du sujet, complément d'objet, compléments circonstanciels...).

Dans le groupe nominal, l'adjectif est généralement placé après le nom.

EX. : une couleur jaune.

Certains adjectifs courts, les adjectifs qui qualifient un nom propre, les adjectifs affectifs et qui permettent une appréciation, les adjectifs numéraux, entre autres, se placent avant le nom.

EX. : un autre homme
un nouveau film
un gentil garçon
le premier jour...

Attention : certains adjectifs n'ont pas le même sens lorsqu'ils sont placés avant ou après le nom.

EX. : un petit homme / un homme petit (= mesquin, méprisable)
un simple exercice / un exercice simple
le seul homme / l'homme seul...

Dans la phrase, l'ordre des mots est relativement souple. Il existe toutefois deux places importantes : avant (le thème, l'élément connu du destinataire) **et après le verbe** (le propos, ou information nouvelle, et qui inclut parfois le verbe).

L'inversion de l'ordre sujet-verbe est assez fréquente. On la retrouve :

- **dans la phrase interrogative ou interro-négative, ainsi que dans les propositions incises** (EX. : dit-il...). Elle est obligatoire et n'a donc pas de valeur particulière.

- **dans les subordonnées.** Dans ce cas, elle est souvent possible, voire souhaitable. Cela conduit à enfreindre la règle qui fait du thème le premier constituant de la phrase et qui place le propos en dernière position.

  EX. : Il a admiré le portail que les ouvriers ont peint. / qu'ont peint les ouvriers. Dans ce cas, l'inversion produit plutôt une mise en valeur du thème : les ouvriers.

- **lorsque l'on veut mettre en valeur un complément, un attribut, un verbe, un adverbe de temps ou de lieu.**

  EX. : Inflexible il est, inflexible il restera. Puisse la chance nous sourire enfin ! Là résidaient tous ses espoirs.

- **après certains adverbes (de modalité) en tête de phrase.**

  EX. : Peut-être était-ce la seule solution.

- **pour obéir à un principe de gradation** qui permet de disposer les termes dans un ordre de valeur ou de grandeur croissant ou décroissant. Le plus souvent, l'inversion conduit à conclure la phrase par le sujet le plus volumineux.

  EX. : Il a admiré le paysage qu'a peint cet illustre artiste attaché à la Provence.

- **pour des raisons de « volume »**, si le sujet du verbe est constitué par une longue énumération.

  EX. : Il se demande où ont été achetés ces meubles, ces bijoux, ces tableaux et ces sculptures.

Conseils

Ne pas insérer trop de compléments entre le verbe et le complément d'objet ou l'attribut.

EX. : On remarquait, peintes sur le mur de l'église, de très anciennes fresques. Cette phrase, un peu lourde, peut être remplacée par la phrase suivante : On remarquait de très anciennes fresques peintes sur le mur de l'église.

Faire attention à la place de certains compléments, qui peut entraîner des ambiguïtés de sens.

EX. : Avec des roses, il se promène dans les rues. / Il se promène dans les rues avec des roses. (Il a des roses à la main / Les rues sont caractérisées par la présence de roses)

Faire attention à la place du pronom relatif, qui doit être proche de l'antécédent.

EX. : Paul a fait ses exercices de solfège, qui n'est pourtant pas très sérieux*. → Paul, qui n'est pourtant pas très sérieux...

Exercices

1. Expliquez la différence de sens entre les groupes nominaux suivants.

   Un homme grand – un grand homme

   L'année dernière – la dernière année

   Mon vêtement propre – mon propre vêtement

   Une drôle d'histoire – une histoire drôle

   Un garçon curieux – un curieux garçon

2. Expliquez la différence entre les différentes propositions du maître (en italique) de Monsieur Jourdain. Expliquez pourquoi il choisit finalement la formulation la plus habituelle. Sur quoi réside le comique de cet extrait ? (Molière, *Le Bourgeois gentilhomme*, 1670)

   MONSIEUR JOURDAIN
   Non, vous dis-je, je ne veux que ces seules paroles-là dans le billet ; mais tournées à la mode, bien arrangées comme il faut. Je vous prie de me dire un peu, pour voir, les diverses manières dont on les peut mettre.
   MAÎTRE DE PHILOSOPHIE
   On les peut mettre premièrement comme vous avez dit : *Belle Marquise, vos beaux yeux me font mourir d'amour*. Ou bien : *D'amour mourir me font, belle Marquise, vos beaux yeux*. Ou bien : *Vos yeux beaux d'amour me font, belle Marquise, mourir*. Ou bien : *Mourir vos beaux yeux, belle Marquise, d'amour me font*. Ou bien : *Me font vos yeux beaux mourir, belle Marquise, d'amour.*
   MONSIEUR JOURDAIN
   Mais de toutes ces façons-là, laquelle est la meilleure ?
   MAÎTRE DE PHILOSOPHIE
   Celle que vous avez dite : *Belle Marquise, vos beaux yeux me font mourir d'amour.*

3. L'ordre des mots dans la phrase interrogative.
   Reformulez les phrases suivantes en écrivant des interrogatives directes.

   Tu aimes le piano.

   François est le meilleur adversaire pour toi.

   Transformez les phrases suivantes en interrogatives indirectes.

   Léo veut-il vraiment gagner ?

   Apprécies-tu le sport ?

   Les enfants sont-ils capables d'être sages pendant le rendez-vous ?

Fiche 19. Procédés de mise en valeur

Pour donner plus de force à une idée, il est possible de la placer en tête de la phrase ou en fin de phrase.

➥ Détachement en tête de phrase

Ce procédé permet de placer en position de thème un élément qui était placé en position de propos dans la structure initiale de la phrase.

EX. : Ses enfants, elle les adore.
Phrase de base : Elle adore ses enfants. Ses enfants = propos. Le groupe nominal devient le thème dans la formulation emphatique.

➥ Détachement en fin de phrase

Dans ce cas, l'énoncé du thème est retardé.

EX. : Ils sont insupportables, ces enfants.

REMARQUE : La virgule traduit une pause entre le groupe de mot détaché et le reste de la phrase.

➥ L'extraction

Ce procédé permet la mise en valeur d'un constituant de la phrase : le propos est placé en position de thème. Il repose sur l'utilisation des présentatifs : c'est, voici, voilà, il y a, il est.
Un constituant de la phrase est placé au début de la phrase et encadré par *c'est*, par exemple. Ce constituant ne peut jamais être le verbe.

EX. : Le mari a frappé sa femme. → C'est le mari qui a frappé sa femme. (= mise en valeur du sujet) / C'est sa femme qu'il a frappée. (= mise en valeur de l'objet)

REMARQUE : Ce procédé n'est pas possible dans les phrases à l'impératif en raison de l'absence de sujet.

D'autres formes de mise en valeur combinent l'extraction et le détachement. On parle de phrases pseudo-clivées (ou semi-clivées).

EX. : Ce que je veux, c'est qu'il se calme.

Exercices

1. Restituez la phrase de base (sans procédé d'emphase).

Il vient avec toi, ton frère ? ....

Cet enfant, il mérite qu'on lui vienne en aide.

....

C'est à lui que revient le privilège d'ouvrir le bal.

....

Voilà mon père qui va encore me demander de sortir.

....

Elle est à toi, cette voiture ? ....

2. Réécrivez les phrases suivantes en utilisant un procédé de détachement. Il existe plusieurs réponses possibles.

Elle prend des vacances deux fois par an. ....

....

Il déteste ses collègues. ....

Joséphine est fatiguée ce soir. ....

Sébastien a des brûlures d'estomac. ....

Nous buvons le café beaucoup trop sucré. ....

....

3. Réécrivez les phrases suivantes en utilisant un procédé d'extraction. Il existe plusieurs réponses possibles.

Vincent a échoué au concours. ....

....

Sa sœur va nous obliger à partir. ....

....

Il regarde la télévision tous les soirs. ....

....

La lampe du salon est restée allumée toute la nuit. ....

....

J'irai à la boulangerie demain matin. ....

....

Fiche 20. Les types de phrases

Il faut être capable d'identifier les différents types de phrases dans un texte : une phrase peut être déclarative, impérative, exclamative ou impérative. Il est utile de varier les types de phrases, pour écrire avec élégance.

La phrase déclarative donne des informations sur une situation, permet de décrire une action, un paysage… Elle se termine par un point. Construction : Sujet + Verbe + Complément (.)

EX. : Il mange seul dans le jardin.

La phrase impérative sert à donner un ordre, un conseil ou à exprimer une interdiction. Elle se termine par un point d'exclamation ou par un point. Construction : à l'impératif, le sujet est absent.

EX. : Ouvrez la fenêtre, s'il vous plaît.

La phrase exclamative sert à exprimer des émotions comme la joie, la douleur, l'admiration, la colère... Elle se termine par un point d'exclamation. Construction : Sujet + Verbe + Complément.

EX. : Il est si gentil !

REMARQUE : Une phrase exclamative peut être impérative.

EX. : Tais-toi !

La phrase interrogative sert à poser une question. Elle se termine par un point d'interrogation. Construction : Verbe + Sujet + Complément ou Mot interrogatif + Verbe + Sujet + Complément.

EX. : A-t-il vendu sa voiture ?

REMARQUE : Il faut faire la différence entre l'interrogation totale (réponse par oui ou par non) et l'interrogation partielle.

EX. : Est-ce que tu vas au cinéma ? = interrogation totale / Pourquoi veux-tu aller au cinéma ce soir ? = interrogation partielle.

Dans l'interrogation indirecte, l'interrogation totale sera introduite par *si*, et l'interrogation partielle par *ce que*, *ce qui*, *où*, *quand*, *comment*, *pourquoi*…

EX. : Je me demande si tu vas au cinéma. / Je me demande pourquoi tu veux aller au cinéma ce soir.

Exercices

1. Identifiez les types de phrases dans les exemples suivants.

   Sors immédiatement ! ....

   J'ai adoré ce spectacle ! ....

   Tu viendras me voir ? ....

   Je serai toujours là pour toi. ....

   Est-ce que nous aurons un cadeau ? ....

2. Transformez les phrases suivantes en phrases interrogatives.

   Le facteur est passé. ....

   Le temps nous permettra de visiter la ville.

   ....

   Il a joué du piano cette après-midi. ....

   C'était une bonne surprise. ....

   Je lui parle de bon cœur. ....

3. Formulez l'interrogation partielle qui correspond aux phrases suivantes. La question porte sur le(s) élément(s) en italique.

   Il m'a appelé *hier*. ....

   Je suis allée *en Corse*. ....

   Il n'a pas pu faire du sport *à cause de son mal de tête*.

   ....

   Ils seront *quinze* à table. ....

   J'envisage l'avenir *avec optimisme*. ....

Fiche 21. Phrases simples, phrases complexes

Une phrase simple ne comporte pas de propositions subordonnées.

EX. : Il n'aime pas le tennis.

Une phrase complexe comporte plusieurs propositions et de ce fait, la plupart du temps, plusieurs verbes avec un sujet propre.

EX. : Il pense [que le tennis est un sport ennuyeux].
verbe 1 — verbe 2 (proposition subordonnée)

REMARQUE : Une proposition subordonnée ne peut jamais constituer une phrase à elle seule. Elle est toujours accompagnée d'une proposition principale.

Le choix de la phrase simple, de la coordination ou de la subordination a une influence sur le rythme du texte et sur l'effet qu'il produira sur le lecteur (légèreté, rapidité, parfois sécheresse / complexité, lenteur, éventuellement lourdeur...).

- **Propositions juxtaposées**

Lorsque la phrase est constituée de plusieurs propositions simplement juxtaposées, on parle de parataxe. Cette structure estompe les liens logiques entre les différents constituants. Elle crée un effet de neutralité.

EX. : Il était malade, il allait bientôt mourir.

- **Propositions coordonnées ou subordonnées**

Des propositions sont coordonnées quand elles sont liées par une conjonction de coordination (mais, ou, et, donc...).
Des propositions sont subordonnées quand elles sont liées par une conjonction de subordination (qui, que, quoi...).
Le rythme est plus lent lorsque la phrase comporte des propositions coordonnées ou subordonnées, mais la logique du propos est souvent aussi plus explicite.

EX. : Il a passé la journée avec moi, et il est parti. (propositions coordonnées)

Il est parti, dès que sa femme l'a appelé. (propositions subordonnées)

Attention aux subordonnées coordonnées ou juxtaposées : le mot subordonnant doit être répété.

EX. : Je lui ai dit [**qu'**il n'était pas sage][**et qu'**il devait améliorer son comportement]. = deux propositions coordonnées.

Il est certain [qu'il devait progresser], [qu'il lui était impossible de continuer ainsi]. = deux propositions juxtaposées.

Conseils

- **Ne pas multiplier les propositions subordonnées**

Les propositions subordonnées, lorsqu'elles sont trop nombreuses, produisent une impression de lourdeur dans la phrase, qui doit être évitée. Des phrases courtes et claires sont toujours préférables à des phrases longues, confuses et répétitives.

- **Remplacer les propositions subordonnées par un groupe nominal, un adjectif, un gérondif en apposition, un infinitif, une proposition participiale ou un participe présent en fonction d'épithète, quand c'est possible**

EX. : Il est gentil [pour qu'on lui pardonne]. → Il est gentil pour se faire pardonner. / Désireux de se faire pardonner, il est gentil. / Il est gentil, car il veut se faire pardonner.

Il a entendu [que le chien avait aboyé]. → Il a entendu l'aboiement du chien.

Nous avons mangé des fraises [qui étaient très peu sucrées]. → Nous avons mangé des fraises peu sucrées. (relative déterminative remplacée par un adjectif)

Dans tous les cas, une proposition subordonnée peut être remplacée par une proposition indépendante coordonnée ou juxtaposée.

EX. : Nous avons fait des efforts [qui ont été mal récompensés]. → Nous avons fait des efforts ; ils ont été mal récompensés.

- **Ne pas multiplier les propositions incises, incidentes ou les parenthèses**

Ces propositions, insérées à l'intérieur d'une phrase, ou à la fin, complexifient inutilement le propos.

EX. : Cette jeune femme – je la connaissais toutefois depuis peu – semblait manquer de confiance en elle. → Cette jeune femme semblait manquer de confiance en elle. Je la connaissais toutefois depuis peu.

- **Ne pas multiplier les tournures présentatives :** ***il y a … qui / que, c'est … qui / que …***

Ces tournures alourdissent elles aussi un texte.

EX. : Il y a un chien qui vagabonde dans la rue. → Un chien vagabonde dans la rue.

Exercices

1. Dites si les propositions suivantes sont juxtaposées, coordonnées ou subordonnées.

   Lorsque je m'ennuie, je prends un livre. ....
   Il était très fatigué. Il voulait rester seul. ....
   Bien qu'il ait de faibles chances d'être élu, il tient à se présenter aux élections. ....
   Je suis heureuse. Je n'ai besoin de rien d'autre. ....
   Cet homme était innocent, mais il a été condamné. ....

2. Remplacez les deux phrases simples par une phrase complexe, en utilisant le subordonnant qui vous semble convenir.

   Elle est allée en vacances. Ses vacances lui ont fait du bien.

   ....

   Elle devrait davantage travailler. Sa famille vivrait mieux.

   ....

   Les monuments historiques doivent souvent être restaurés. Cela coûte beaucoup d'argent.

   ....

   Le Titanic était un magnifique paquebot. Il a fait naufrage.

   ....

   Les enfants rentrent de l'école. Ils doivent faire leurs devoirs.

   ....

3. Réécrivez les phrases complexes suivantes en supprimant la subordination.

   Le cadeau que ton père m'a offert ne m'a pas plu.

   ....

   Il s'est bien rendu compte que ses parents étaient partis.

   ....

   Je sais qu'il est difficile de faire lire des adolescents.

   ....

   La voiture qui est garée sur le trottoir a une amende.

   ....

   Il a pris le risque que la police l'interpelle.

   ....

Fiche 22. Phrases non verbales / phrases verbales

Les phrases verbales sont organisées autour d'un verbe.

EX. : Les recettes de cette entreprise stagnent.

Les phrases non verbales sont des phrases sans verbe. Elles sont souvent construites autour d'un nom. L'usage ponctuel d'une phrase non verbale permet la mise en valeur d'un énoncé. La phrase non verbale témoigne d'un souci de rupture et d'expressivité, par contraste avec des phrases verbales. Elle est parfois simplement une phrase inachevée. L'interruption est notée par les points de suspension.

C'est un procédé fréquemment utilisé en publicité ou dans le journalisme, en particulier pour les titres.

EX. : Découverte macabre en Seine-Maritime.

Les phrases non verbales peuvent aussi être constituées par des interjections, par exemple, ou des adjectifs, entre autres.

EX. : Hourra ! / Fainéant !

Attention à ne pas abuser des phrases sans verbe principal. L'écriture littéraire est réticente à utiliser ce procédé, auquel elle préfère une rédaction plus souple, moins directement centrée sur l'information.

EX. : Le président et sa femme, qui prennent quelques vacances dans leur résidence personnelle. Vacances agitées, étant donné le contexte international. → Le président et sa femme prennent quelques vacances dans leur résidence personnelle. Ces vacances sont agitées, étant donné le contexte international.

Exercices

1. Relevez les phrases non verbales dans l'extrait suivant (Beaumarchais, *Le Mariage de Figaro*, 1784, acte I, scène I).

Figaro : Dix-neuf pieds sur vingt-six.
Suzanne : Tiens, Figaro, voilà mon petit chapeau : le trouves-tu mieux ainsi ?
Figaro *lui prend les mains* : Sans comparaison, ma charmante. Oh ! que ce joli bouquet virginal, élevé sur la tête d'une belle fille, est doux, le matin des noces, à l'œil amoureux d'un époux !...
Suzanne *se retire* : Que mesures-tu donc là, mon fils ?
Figaro : Je regarde, ma petite Suzanne, si ce beau lit que Monseigneur nous donne aura bonne grâce ici.
Suzanne : Dans cette chambre ?
Figaro : Il nous la cède.
Suzanne : Et moi, je n'en veux point.
Figaro : Pourquoi ?
Suzanne : Je n'en veux point.

2. Transformez les phrases suivantes en phrases non verbales (à la manière du titre d'un article de journal).

Les vacanciers du mois d'août partiront durant le week-end.

La météo s'annonce pluvieuse cette semaine.

La police a découvert de la drogue dans un entrepôt du centre-ville.

Maigrir est une préoccupation majeure des Françaises avant l'été.

Les séries TV rencontrent un grand succès auprès des téléspectateurs de 15 à 35 ans.

3. Transformez les phrases suivantes en phrases verbales.

Cour d'assises de Limoges : accident ou meurtre ?

Deux débats annoncés entre les candidats à la présidentielle.

Nos adolescents : tous des dangers publics ?

Liberté, égalité, fraternité !

Rendez-vous à Lyon, le 7 juillet.

Fiche 23. Alléger la phrase

Pour alléger la phrase, il faut éviter les répétitions et les lourdeurs.

➥ Pour éviter les répétitions

- **On emploie un pronom ou un terme de reprise.**

  EX. : Il achète des roses. Ces roses sont pour sa femme.
  → Il achète des roses qui sont pour sa femme.

- **On s'interdit les pléonasmes (emploi de deux mots de sens identique).**

  EX. : une panacée universelle,
  préparer à l'avance,
  s'avérer exact,
  opposer son veto,
  le monopole exclusif,
  répéter de nouveau,
  voire même (= *vraiment même*, à éviter même si l'expression est fréquente dans le langage courant et le plus souvent tolérée),
  ajouter en plus…

ATTENTION : La répétition est parfois un effet de style. Elle permet l'insistance, la mise en valeur d'un terme. Mais elle doit être consciente et maîtrisée.

↳ Pour éviter les lourdeurs

- **On ne multiplie pas les conjonctions de coordination.**

Dans une énumération, la conjonction n'est maintenue que pour le dernier terme.

EX. : J'achète des choux et des carottes et des aubergines.
→ J'achète des choux, des carottes et des aubergines.

- **On remplace des subordonnées relatives par des groupes nominaux.**

EX. : Je suis incommodée par l'odeur de ce lieu, qui sent très mauvais.
→ Je suis incommodée par la puanteur de ce lieu.

- **On n'introduit pas systématiquement les interrogations directes par *est-ce que*.**

Cette tournure, trop lourde, sera remplacée par une simple inversion du sujet.

EX. : Est-ce qu'il va neiger ? → Va-t-il neiger ?

- **On ne multiplie pas les attributs du sujet, qui peuvent être transformés en adjectifs épithètes.**

EX. : Sa cuisine est trop grasse (grasse : attribut du sujet). De ce fait, il a du cholestérol.
→ Sa cuisine trop grasse (grasse : adjectif épithète) est à l'origine de son cholestérol.

- **On ne multiplie pas les adverbes de manière (en –ment).**

EX. : Il est extrêmement et indubitablement beau.
→ Sans aucun doute, il est très beau.

- **On n'abusera ni de la forme passive (que l'on remplacera pas la forme active ou pronominale correspondante, si possible), ni des tournures négatives, qui alourdissent les phrases et qui se révèlent peu efficace dans la communication.**

  EX. : Il reçoit des mauvaises notes de ses professeurs.
  → Ses professeurs lui donnent de mauvaises notes.

  Il n'aime pas les fruits et légumes.
  → Il apprécie peu les fruits et légumes.

Exercices

1. Réécrivez les phrases suivantes en supprimant les pléonasmes.

   Le premier de la course est arrivé en tête.

   ....

   J'avais un doute, mais ça s'est avéré vrai.

   ....

   Cette nuit, mon fils a fait un mauvais cauchemar.

   ....

   Il ne m'a pas entendu. Il m'a fait répéter à nouveau.

   ....

   Ils ont reçu son violon. C'était, de sa part, un don gratuit.

   ....

2. Réécrivez les phrases interrogatives en supprimant la tournure *est-ce que* et en utilisant l'inversion du sujet.

   Est-ce qu'il travaille vraiment à la télévision ?

   ....

   Est-ce qu'il passe beaucoup de temps sur les réseaux sociaux ?

   ....

   Est-ce que ce pays est encore une démocratie ?

   ....

   Est-ce que les nouvelles technologies favorisent le lien social ?

   ....

   Est-ce que le pain est encore un élément essentiel dans notre alimentation ? ....

3. Réécrivez ces phrases passives à l'actif.

   Il est poursuivi par ses ennemis. ....

   Les moyens sont justifiés par la fin. ....

   Nous avons été interrogés par la journaliste. ....

   Les enfants ont été disputés par leurs parents. ....

   L'exposé a été fait par ses parents. ....

Fiche 24. Éviter les ruptures de construction

Quand un terme a plusieurs compléments, ceux-ci doivent être de même nature et de même fonction, si possible. Sinon, on parle de rupture de construction, ce qui n'est pas toléré à l'écrit.

EX. : Elle lui a demandé [de ranger sa chambre] [et qu'il le fasse sans plus tarder]. 1 2
Les compléments 1 et 2 ne sont pas de même nature. Il y a rupture de construction.
Il faut, dans ce cas, trouver un autre terme introducteur pour le deuxième complément.

EX. : Il peut jouer un morceau au piano puis aux petites voitures*. → Il peut jouer un morceau au piano, puis s'amuser avec ses petites voitures.

Quand deux verbes coordonnés ont en commun un complément, les deux verbes doivent avoir une construction identique du complément.

EX. : Il faut respecter et obéir à sa mère*. → impossible, car : respecter sa mère (respecter + COD) ≠ obéir à sa mère (obéir + COI). À réécrire ainsi : Il faut respecter sa mère et lui obéir.

REMARQUE : La rupture de construction peut être une figure de style et un effet recherché, dans la langue poétique ou littéraire. Mais la plupart du temps, il s'agit d'une erreur de syntaxe.

CONSEIL : Faites tout particulièrement attention aux conjonctions de coordination (et, ou…) et aux parallélismes (ni…, ni… ; soit…, soit…).

EX. : Réussir est important et qu'il soit épanoui*. (coordination d'un infinitif et d'une subordonnée impossible) → Il est important qu'il réussisse et qu'il soit épanoui.

Il n'est ni un littéraire, ni scientifique*. → Il n'est ni littéraire, ni scientifique.

Exercices

1. Réécrivez les phrases suivantes en corrigeant les erreurs de construction.

   Ils ont pensé aller à l'université et qu'ils réussiraient.

   ....

   Nous apprécions la politesse et qu'ils nous obéissent.

   ....

   Vous voulez que ce Dieu vous comble de bienfaits / Et ne l'aimer jamais ? (Racine, *Athalie*)

   ....

   La drogue peut pousser et inspirer le crime.

   ....

   Il est bien considéré et comme innocent.

   ....

2. Réécrivez les phrases suivantes à la forme négative, en utilisant la négation ni.
   Ex. : J'aime le fromage. J'aime le vin. → Je n'aime ni le fromage, ni le vin.

   Je pense qu'il est intelligent et sympathique.

   ....

   Il a une femme et des enfants. ....

   Les voleurs m'ont pris mon argent et mes bijoux.

   ....

   Les difficultés sociales et économiques peuvent expliquer les actes de délinquance.

   ....

   Je peux le soigner et le guérir. ....

3. Trouvez quelques exemples de ruptures de construction littéraires, destinées à produire un effet de style.

   ....

   ....

   ....

   ....

   ....

Fiche 25. Les différents types d'écrits

➥ Texte narratif

Pour écrire un récit, il faut se demander qui raconte, choisir un point de vue, définir le cadre spatio-temporel et caractériser les personnages.

Un texte narratif est toujours structuré : il commence par l'énoncé de la situation initiale, il mentionne ensuite, le plus souvent, un élément perturbateur, qui est le point de départ de l'action, puis il fait cheminer le lecteur vers un dénouement (situation finale).

Le récit suit généralement un ordre chronologique. On peut toutefois ne pas respecter l'ordre chronologique des actions. Le retour en arrière (ou *flash-back*, si l'on emploie un terme emprunté au cinéma) permet d'expliquer certains événements, de donner de la profondeur au récit (souvenirs du personnage…). L'anticipation permet de mentionner un événement qui ne s'est pas encore produit et de créer un effet d'attente.

➥ Texte descriptif

Le texte descriptif donne des précisions sur un lieu, un objet, un personnage… La description d'un personnage constitue un portrait.

Un texte descriptif doit être structuré. Il doit comporter une progression (EX. : du portrait physique au portrait moral).

Pour décrire, il importe de choisir un point de vue (qui regarde ? où est placé celui qui décrit ?) Dans la description, les connecteurs spatiaux doivent apparaître (à gauche, devant, derrière…). Il est possible d'utiliser des images (comparaisons et métaphores) pour aider le destinataire à se représenter ce qui est décrit.

➥ Texte explicatif

Un texte explicatif apporte des informations, d'une manière qui se voudrait objective, mais qui peut aussi être amusante, légère, savante.

Il peut être écrit au présent de vérité générale. Il comporte également des mots de liaison (connecteurs logiques) qui mettent en évidence sa dimension pédagogique. Le vocabulaire doit être adapté aux connaissances du destinataire. On pourra avoir recours à des définitions, à des comparaisons, à des exemples, à divers procédés de reformulation.

➥ Texte argumentatif

Dans le second degré et plus encore dans l'enseignement supérieur, c'est surtout la capacité d'un élève ou d'un étudiant à argumenter qui est évaluée. Il faut savoir exposer et réfuter un point de vue. Il faut être capable de confronter des thèses adverses, ainsi que d'exprimer des nuances à l'égard de la thèse proposée par le sujet (raisonnement par concession : certes, ce point de vue peut être considéré comme exact pour cet aspect du problème…, mais on peut également considérer que…).

Exercices

1. Inventez une suite à ce début de récit (Flaubert, *L'Éducation sentimentale* – 1869).

> Le 15 septembre 1840, vers six heures du matin, la Ville-de-Montereau (= nom du bateau), près de partir, fumait à gros tourbillons devant le quai Saint-Bernard. [...]
> Enfin le navire partit ; et les deux berges, peuplées de magasins, de chantiers et d'usines, filèrent comme deux larges rubans que l'on déroule.
> Un jeune homme de dix-huit ans, à longs cheveux et qui tenait un album sous son bras, restait auprès du gouvernail, immobile. À travers le brouillard, il contemplait des clochers, des édifices dont il ne savait pas les noms ; puis il embrassa, dans un dernier coup d'œil, l'île Saint-Louis, la Cité, Notre-Dame ; et bientôt, Paris disparaissant, il poussa un grand soupir.
> M. Frédéric Moreau, nouvellement reçu bachelier, s'en retournait à Nogent-sur-Seine, où il devait languir pendant deux mois, avant d'aller faire son droit.

....

....

....

....

....

....

....

....

....

....

2. Analysez la description suivante (Balzac, *Le Lys dans la vallée* – 1836). Cette description est-elle objective ? Relevez les images qu'elle comporte et expliquez leur effet.

> Mes yeux furent tout à coup frappés par de blanches épaules rebondies sur lesquelles j'aurais voulu pouvoir me rouler, des épaules légèrement rosées qui semblaient rougir comme si elles se trouvaient nues pour la première fois, de pudiques épaules qui

avaient une âme, et dont la peau satinée éclatait à la lumière comme un tissu de soie. Ces épaules étaient partagées par une raie, le long de laquelle coula mon regard, plus hardi que ma main. Je me haussai tout palpitant pour voir le corsage et fus complètement fasciné par une gorge chastement couverte d'une gaze, mais dont les globes azurés et d'une rondeur parfaite étaient douillettement couchés dans des flots de dentelle. Les plus légers détails de cette tête furent des amorces qui réveillèrent en moi des jouissances infinies : le brillant des cheveux lissés au-dessus d'un cou velouté comme celui d'une petite fille, les lignes blanches que le peigne y avait dessinées et où mon imagination courut comme en de frais sentiers, tout me fit perdre l'esprit.

....

....

....

....

....

....

....

....

....

....

3. **Écrivez un paragraphe argumentatif sur le sujet suivant.**

La description vous semble-t-elle être un élément indispensable dans un récit ?

....

....

....

....

....

....

....

....

Fiche 26. L'introduction et la conclusion

➥ L'introduction

Elle doit être précise, soignée et donner envie au lecteur de continuer à lire : c'est la première impression que l'auteur produit sur son lecteur. Dans l'Antiquité, elle était désignée par le terme rhétorique d'exorde.

Dans un texte narratif, elle a toujours pour fonction de présenter au lecteur les éléments de la situation initiale, le cadre spatio-temporel et les personnages.
Dans une lettre, l'introduction présente l'objet de la demande.
Dans un texte argumentatif, elle présente le sujet, l'analyse et précise le(s) problème(s) qu'il pose. Elle annonce également le plan adopté pour y répondre. Elle va du plus général au plus précis.

CONSEIL : Attention à ne pas empiéter sur le développement en donnant des éléments qui priveraient le lecteur de tout effet d'attente.

➥ La conclusion

La conclusion doit aussi être le temps fort d'un texte. Dans l'Antiquité, elle était désignée par le terme rhétorique de péroraison.

Elle doit être rapide. Elle a essentiellement une fonction de synthèse des éléments essentiels du développement. Elle doit également être écrite avec élégance : c'est la dernière impression que le texte produit sur le lecteur.

Pour un texte narratif, la conclusion constitue le dénouement du récit. Elle peut orienter le lecteur sur le sens à donner aux événements qui viennent d'être narrés. Parfois, il est intéressant de proposer une fin ouverte, qui laisse aux lecteurs la responsabilité de conclure ou à l'imagination la liberté de poursuivre le récit.

Elle doit apporter une réponse à la (aux) question(s) posée(s) dans l'introduction, lorsqu'il s'agit d'un texte argumentatif.

CONSEIL : On peut généralement se dispenser de relancer le débat artificiellement, dans la dernière phrase, par une question (qui tiendrait lieu d'ouverture) : ce procédé s'avère le plus souvent maladroit.

Exercices

1. **Identifiez, dans l'incipit d'*Une Vie* (1883) de Maupassant, les éléments essentiels à la compréhension du récit (cadre spatio-temporel, personnages, situation).**

Jeanne, ayant fini ses malles, s'approcha de la fenêtre, mais la pluie ne cessait pas.

L'averse, toute la nuit, avait sonné contre les carreaux et les toits. Le ciel bas et chargé d'eau semblait crevé, se vidant sur la terre, la délayant en bouillie, la fondant comme du sucre. Des rafales passaient pleines d'une chaleur lourde. Le ronflement des ruisseaux débordés emplissait les rues désertes où les maisons, comme des éponges, buvaient l'humidité qui pénétrait au-dedans et faisait suer les murs de la cave au grenier.

Jeanne, sortie la veille du couvent, libre enfin pour toujours, prête à saisir tous les bonheurs de la vie dont elle rêvait depuis si longtemps, craignait que son père hésitât à partir si le temps ne s'éclaircissait pas, et pour la centième fois depuis le matin elle interrogeait l'horizon.

Puis elle s'aperçut qu'elle avait oublié de mettre son calendrier dans son sac de voyage. Elle cueillit sur le mur le petit carton divisé par mois, et portant au milieu d'un dessin la date de l'année courante 1819 en chiffres d'or. Puis elle biffa à coups de crayon les quatre premières colonnes, rayant chaque nom de saint jusqu'au 2 mai, jour de sa sortie du couvent.

Une voix, derrière la porte, appela : « Jeannette ! »

Jeanne répondit : « Entre, papa. » Et son père parut.

Le baron Simon-Jacques Le Perthuis des Vauds était un gentilhomme de l'autre siècle, maniaque et bon. Disciple enthousiaste de J.-J. Rousseau, il avait des tendresses d'amant pour la nature, les champs, les bois, les bêtes.

Aristocrate de naissance, il haïssait par instinct quatre-vingt-treize ; mais philosophe par tempérament, et libéral par éducation, il exécrait la tyrannie d'une haine inoffensive et déclamatoire.

Sa grande force et sa grande faiblesse, c'était la bonté, une bonté qui n'avait pas assez de bras pour caresser, pour donner, pour étreindre, une bonté de créateur, éparse, sans résistance, comme l'engourdissement d'un nerf de la volonté, une lacune dans l'énergie, presque un vice.

Homme de théorie, il méditait tout un plan d'éducation pour sa fille, voulant la faire heureuse, bonne, droite et tendre.

Elle était demeurée jusqu'à douze ans dans la maison, puis, malgré les pleurs de la mère, elle fut mise au Sacré-Cœur.

Il l'avait tenue là sévèrement enfermée, cloîtrée, ignorée et ignorante des choses humaines. Il voulait qu'on la lui rendît chaste à dix-sept ans pour la tremper lui-même dans une sorte de bain de poésie raisonnable ; et, par les champs, au milieu de la terre fécondée, ouvrir son âme, dégourdir son ignorance à l'aspect de l'amour naïf, des tendresses simples des animaux, des lois sereines de la vie.

2. **Vous postulez à un emploi. Écrivez le premier paragraphe de votre lettre de motivation.**
3. **Écrivez-en la conclusion.**

Fiche 27. Divers types de plans

Tout texte doit être structuré, c'est-à-dire comporter des paragraphes (au moins deux) qui correspondent à des moments différents (du récit ou de la description) ou à des idées différentes (dans le texte argumentatif ou explicatif).

Un texte narratif est structuré de manière chronologique. Il comporte des indicateurs de temps.
Le rythme du récit peut toutefois être varié. La pause marque un arrêt provisoire de la narration, au profit d'un commentaire, d'une description. Au contraire, dans une scène, les faits sont racontés en détail : la durée de la narration coïncide avec celle de l'histoire narrée. Le sommaire constitue une forme de résumé des faits. Il accélère le rythme du récit. L'ellipse correspond à un silence sur une période de l'histoire racontée. Elle consiste également à omettre un ou plusieurs éléments d'une phrase ou à la laisser inachevée.

Un texte descriptif peut être structuré selon une progression dans le temps (ordre chronologique) ou dans l'espace (du plus loin au plus proche, par exemple). La progression peut également s'effectuer du général au particulier.

Un texte argumentatif est structuré de manière logique. Il est composé de diverses parties (arguments principaux), elles-mêmes subdivisées, si nécessaire, en sous-parties. Le plan doit permettre de répondre de la manière la plus pertinente possible à la question posée dès l'introduction.
Il n'y a pas un seul type de plan. Il faut toujours adopter le plan le mieux adapté à la question.

➥ Le plan dialectique (le fameux « thèse-antithèse-synthèse »)

Il est souvent choisi pour répondre en particulier aux sujets de dissertation. Il doit être utilisé en gardant toujours à l'esprit une exigence de subtilité et de nuance. Il ne doit pas conduire à dire une chose et son contraire d'une partie à une autre. L'antithèse n'est pas la négation de la thèse. La synthèse ne doit pas conduire non plus à proposer une plate tentative de conciliation entre deux positions précédentes et opposées. Elle est censée dépasser un débat dont on a au préalable donné les éléments, et proposer une réponse nuancée et pertinente à la question posée. Par ailleurs, certains sujets ne permettent pas une synthèse.

➥ Le plan analytique

Il n'invite pas à discuter une question. Il permet plutôt d'envisager une notion dans ses différents aspects.

EX. : explications, causes / conséquences / solutions, propositions.

➥ Le plan thématique

Il invite à expliquer une idée en envisageant les différents domaines / thèmes qui lui donnent son sens. Dans ce type de plan, il faut veiller à respecter une progression entre les différentes parties, pour ne pas créer un effet de catalogue.

CONSEIL : Un plan ne doit pas forcément avoir trois parties et trois sous-parties. Deux parties claires, nourries d'exemples et rédigées avec fermeté peuvent parfaitement constituer un devoir brillant.

Exercices

1. **Analysez la structure de la description dans l'extrait suivant (Zola, *Germinal*, 1re partie, &3, 1885).**

   Il ne comprenait bien qu'une chose : le puits avalait des hommes par bouchées de vingt et de trente, et d'un coup de gosier si facile, qu'il semblait ne pas les sentir passer. Dès quatre heures, la descente des ouvriers commençait. Ils arrivaient de la baraque, pieds nus, la lampe à la main, attendant par petits groupes d'être en nombre suffisant. Sans un bruit, d'un jaillissement doux de bête nocturne, la cage de fer montait du noir, se calait sur les verrous, avec ses quatre étages contenant chacun deux berlines pleines de charbon. Des moulineurs, aux différents paliers, sortaient les berlines, les remplaçaient par d'autres, vides ou chargées à l'avance des bois de taille. Et c'était dans les berlines vides que s'empilaient les ouvriers, cinq par cinq, jusqu'à quarante d'un coup, lorsqu'ils tenaient toutes les cases. Un ordre partait du porte-voix, un beuglement sourd et indistinct, pendant qu'on tirait quatre fois la corde du signal d'en bas, « sonnant à la viande », pour prévenir de ce chargement de chair humaine. Puis, après un léger sursaut, la cage plongeait silencieuse, tombait comme une pierre, ne laissait derrière elle que la fuite vibrante du câble.

   ....

   ....

   ....

   ....

   ....

   ....

   ....

   ....

2. **Dites quel type de plan serait le plus adapté aux sujets suivants.**

   Analysez la crise industrielle en France.

   ....

   ....

....

....

....

« La Poésie, pour peu qu'on veuille descendre en soi-même, interroger son âme, rappeler ses souvenirs d'enthousiasme, n'a pas d'autre but qu'Elle-même [...] », Baudelaire, « Théophile Gautier », *L'Art romantique* (1857). Discutez cette affirmation.

....

....

....

....

Quels sont, selon vous, les éléments essentiels pour que la mise en scène d'une pièce de théâtre soit réussie ?

....

....

....

....

La justice suppose-t-elle l'égalité ?

....

....

....

....

3. Proposez un plan pour le sujet suivant : Le personnage de roman doit-il nécessairement être un héros ?

....

....

....

....

....

....

....

....

Fiche 28. Le paragraphe

Un texte doit être structuré en paragraphes. À chaque paragraphe correspond un moment différent du récit ou de la description, ou une idée nouvelle, dans le texte argumentatif. Le paragraphe est souvent introduit par un connecteur (d'abord, ensuite, dans un premier temps, parce que, donc...), ce qui permet de l'inscrire clairement dans un récit ou dans un raisonnement.

↪ La structure d'un paragraphe argumentatif

Il débute par l'énoncé d'un argument ou d'**une idée essentielle**, qui est ensuite développée.
Ne multipliez pas les idées dans un paragraphe : une seule suffit. Il faut l'annoncer et l'expliquer clairement, puis la développer.

Il comporte ensuite **au moins un exemple précis et expliqué, en rapport avec l'idée développée**.
Le plus souvent, l'exemple vient à l'appui de l'argument ou de l'idée essentielle. Il sert de preuve et donne de la force au raisonnement. Il doit être développé, mais ne doit pas être un prétexte au bavardage.

Il se termine par **une phrase conclusive**, qui peut assurer la transition avec le paragraphe suivant.

REMARQUE : Dans la plupart des cas, l'idée principale est énoncée en tête du paragraphe argumentatif. Elle est suivie par les exemples. Plus rarement, un paragraphe peut être structuré de la manière suivante : on part de l'observation et d'éventuels exemples, pour en tirer des conclusions et pour énoncer une idée, qui vient alors dans un deuxième temps uniquement.

Conseil de méthode

- **Attention à la présentation du paragraphe !**

Il faut aller à la ligne et écrire en retrait de la marge, pour bien montrer que l'on passe à autre chose.
Dans un texte, il est toutefois inutile de multiplier les alinéas. Trop d'alinéas ne permettent plus au lecteur de saisir la cohérence du propos.

- **Pour vérifier la clarté du propos, essayez de résumer le paragraphe en lui donnant un titre, au brouillon.**

Si c'est difficile ou impossible, c'est peut-être que l'idée est trop complexe et qu'elle doit donner lieu à deux paragraphes, ou au contraire qu'elle est trop simple, et que le paragraphe peut être regroupé avec un autre.

- **Un paragraphe ne doit pas être trop long, pour garder son unité et sa cohérence.**

Il faut, si le paragraphe est très long, se poser la question de sa fermeté et de sa cohérence. N'a-t-on vraiment donné qu'une seule idée ? N'est-on pas déjà passé à l'argument suivant ? N'est-il pas possible de supprimer certaines redondances ou phrases inutiles, qui alourdissent le propos ?

Exercices

Fontenelle, *Histoire des Oracles*, chapitre IV (1687).

Assurons-nous bien du fait, avant que de nous inquiéter de la cause. Il est vrai que cette méthode est bien lente pour la plupart des gens, qui courent naturellement à la cause, et passent par-dessus la vérité du fait, mais enfin nous éviterons le ridicule d'avoir trouvé la cause de ce qui n'est point.

Ce malheur arriva si plaisamment sur la fin du siècle passé à quelques savants d'Allemagne, que je ne puis m'empêcher d'en parler ici.

En 1593, le bruit courut que les dents étant tombées à un enfant de Silésie, âgé de sept ans, il lui en était venu une d'or, à la place d'une de ses grosses dents. Horstius, professeur en médecine dans l'Université de Helmstad, écrivit en 1595 l'histoire de cette dent, et prétendit qu'elle était en partie naturelle, en partie miraculeuse, et qu'elle avait été envoyée de Dieu à cet enfant pour consoler les Chrétiens affligés par les Turcs. Figurez-vous quelle consolation, et quel rapport de cette dent aux Chrétiens, ni aux Turcs. En la même année, afin que cette dent d'or ne manquât pas d'historiens, Rullandus en écrit encore l'histoire. Deux ans après, Ingolsteterus, autre savant, écrit contre le sentiment que Rullandus avait de la dent d'or, et Rullandus fait aussitôt une belle et docte réplique. Un autre grand homme nommé Libavius ramasse tout ce qui avait été dit de la dent et y ajoute son sentiment particulier. Il ne manquait autre chose à tant de beaux ouvrages, sinon qu'il fût vrai que la dent était d'or. Quand un orfèvre l'eut examinée, il se trouva que c'était une feuille d'or appliquée à la dent avec beaucoup d'adresse ; mais on commença par faire des livres, et puis on consulta l'orfèvre.

Rien n'est plus naturel que d'en faire autant sur toutes sortes de matières. Je ne suis pas si convaincu de notre ignorance par les choses qui sont, et dont la raison nous est inconnue, que par celles qui ne sont point, et dont nous trouvons la raison. Cela veut dire que non seulement nous n'avons pas les principes qui mènent au vrai, mais que nous en avons d'autres qui s'accommodent très bien avec le faux.

1. Identifiez les paragraphes argumentatifs dans ce texte et la thèse développée par Fontenelle. Expliquez de quelle manière il prouve la validité de cette thèse.

....

....

....

....

....

....

....

....

2. Identifiez le paragraphe narratif dans ce texte. Analysez-en la structure (connecteurs chronologiques…).

....

....

....

....

....

....

....

....

3. Écrivez votre propre paragraphe argumentatif pour répondre à la question suivante : Pourquoi l'homme laisse-t-il aussi facilement son imagination l'éloigner de la connaissance rationnelle ?

....

....

....

....

....

....

....

....

Fiche 29. Arguments et exemples

➥ Arguments

Ce sont les éléments essentiels de toute démonstration. Après avoir défini une thèse (un point de vue à défendre), on doit trouver des arguments qui viennent l'étayer.

Les arguments présentés doivent être recevables et pertinents. Attention à ne pas choisir un argument qui prouve l'inverse de la thèse !

Il existe divers types d'arguments. Par exemple : l'argumentation par l'absurde, qui consiste à démontrer la fausseté de la proposition adverse ; l'argument d'autorité, qui consiste à faire admettre une thèse en montrant qu'elle est soutenue par une « autorité », c'est-à-dire toute personne possédant une connaissance particulière et reconnue pour cela.

EX. : Comme l'écrit Voltaire, en conclusion de *Candide*, « il faut cultiver notre jardin ».

Dans un texte, les arguments doivent être présentés dans un ordre d'intérêt et de complexité croissant (du plus évident au plus subtil), afin de ménager une certaine progression, dans le développement.

➥ Exemples

Chaque argument doit être accompagné d'au moins un exemple, qui doit être analysé. L'exemple permet d'illustrer l'argument et de ne pas s'en tenir à une réflexion trop abstraite, qui risquerait d'être obscure et peu séduisante pour le lecteur. Il est essentiel pour mieux se faire comprendre.
L'exemple doit être correctement relié à l'idée essentielle du paragraphe (attention à ne pas choisir un exemple qui soit contradictoire avec l'argument développé).
Il permet également à l'élève ou à l'étudiant, dans un écrit scolaire ou universitaire, de témoigner de sa culture.

CONSEIL : Ne multipliez pas les exemples : ils n'ont pas valeur d'argument et leur trop grand nombre crée un fâcheux effet de « catalogue ».

Exercices

1. Faites la différence, dans l'extrait du *Dernier Jour d'un condamné* de V. Hugo (1829), entre l'(les) argument(s) et le(s) exemple(s). Identifiez le type d'argumentation choisi par V. Hugo. Pourquoi, selon vous, est-ce habile ?

Ceux qui jugent et qui condamnent disent la peine de mort nécessaire. D'abord, – parce qu'il importe de retrancher de la communauté sociale un membre qui lui a déjà nui et qui pourrait lui nuire encore. – S'il ne s'agissait que de cela, la prison perpétuelle suffirait. À quoi bon la mort ? Vous objectez qu'on peut s'échapper d'une prison ? faites mieux votre ronde. Si vous ne croyez pas à la solidité des barreaux de fer, comment osez-vous avoir des ménageries ?

Pas de bourreau où le geôlier suffit.

Mais, reprend-on, – il faut que la société se venge, que la société punisse. – Ni l'un, ni l'autre. Se venger est de l'individu, punir est de Dieu.

La société est entre deux. Le châtiment est au-dessus d'elle, la vengeance au-dessous. Rien de si grand et de si petit ne lui sied. Elle ne doit pas « punir pour se venger » ; elle doit corriger pour améliorer. Transformez de cette façon la formule des criminalistes, nous la comprenons et nous adhérons.

Reste la troisième et dernière raison, la théorie de l'exemple. – Il faut faire des exemples ! il faut épouvanter par le spectacle du sort réservé aux criminels ceux qui seraient tentés de les imiter !

Voilà bien à peu près textuellement la phrase éternelle dont tous les réquisitoires des cinq cents parquets de France ne sont que des variations plus ou moins sonores. Eh bien ! nous nions d'abord qu'il y ait exemple. Nous nions que le spectacle des supplices produise l'effet qu'on en attend. Loin d'édifier le peuple, il le démoralise, et ruine en lui toute sensibilité, partant toute vertu. Les preuves abondent, et encombreraient notre raisonnement si nous voulions en citer. Nous signalerons pourtant un fait entre mille, parce qu'il est le plus récent. Au moment où nous écrivons, il n'a que dix jours de date. Il est du 5 mars, dernier jour du carnaval. À Saint-Pol, immédiatement après l'exécution d'un incendiaire nommé Louis Camus, une troupe de masques est venue danser autour de l'échafaud encore fumant. Faites donc des exemples ! le mardi gras vous rit au nez.

2. Débats…
Vous discutez avec un partisan de l'énergie nucléaire : trouvez des arguments et des exemples pour le convaincre des dangers de cette énergie.
Vous discutez avec un partisan des OGM (organismes génétiquement modifiés) : trouvez des arguments et des exemples pour le convaincre de la nécessité d'avoir une agriculture plus respectueuse de l'environnement.
3. Imaginez un discours publicitaire, qui vanterait les mérites d'un produit de votre choix.

Fiche 30. Liens logiques, liens chronologiques

Pour assurer la cohérence d'un texte, les connecteurs ont un rôle déterminant. Ce sont des éléments de liaison : ils marquent des rapports spatio-temporels ou logiques entre les propositions. Ils permettent la constitution d'un paragraphe cohérent, dont le destinataire du texte suit clairement la progression.

➥ Les connecteurs spatio-temporels

Les connecteurs temporels s'emploient pour marquer un rapport chronologique entre deux propositions ou entre deux phrases. On les trouve dans les textes narratifs, dans des descriptions, dans des énumérations, entre autres.

EX. : alors, après, ensuite, et puis, d'abord, enfin, finalement

Les connecteurs spatiaux s'emploient pour structurer en particulier une description.

EX. : ici, là, en haut, en bas, derrière...

➥ Les connecteurs argumentatifs

Les connecteurs argumentatifs s'emploient très fréquemment dans un texte argumentatif. Ils expriment diverses nuances qu'il faut connaître.

- Cause / conséquence : car, en effet, donc, parce que, de sorte que, puisque...
- Opposition, concession : mais, pourtant, en revanche, bien que...
  REMARQUE : *certes* annonce toujours un *mais* qui va remettre en cause l'affirmation initiale.
  EX. : Il est certes intelligent, mais il ne le montre guère.
- Addition, énumération : or, d'ailleurs, et, de plus, non seulement... mais encore..., d'abord, ensuite, enfin, d'une part... d'autre part, aussi, également, de même...
- Reformulation : autrement dit, en d'autres termes, en résumé, finalement, bref...
- Conclusion : donc, ainsi, aussi, enfin, en définitive, finalement, en résumé, en conclusion... REMARQUE : *aussi* en tête de phrase suppose une inversion du sujet, ce qui n'est pas le cas d'*ainsi*.
  EX. : Aussi est-il plus heureux qu'il ne veut bien le dire.

Exercices

1. Repérez les connecteurs logiques essentiels dans le texte suivant (Voltaire, *Dictionnaire philosophique*, article « Préjugés », 1764).

Le préjugé est une opinion sans jugements. Ainsi dans toute la terre on inspire aux enfants toutes les opinions qu'on veut, avant qu'ils puissent juger.
Il y a des préjugés universels, nécessaires, et qui sont la vertu même.
[...]
Il y a donc de très bons préjugés : ce sont ceux que le jugement ratifie quand on raisonne.
[...]
Mais c'est par préjugé que vous respecterez un homme revêtu de certains habits, marchant gravement, parlant de même.

2. Rétablissez les connecteurs dans les phrases suivantes (plusieurs choix sont possibles).

Tous les hommes sont mortels .... je suis mortel, ... je suis un homme.

Je pense que la modestie est essentielle. L'expérience montre .... que la prétention conduit souvent à l'échec.

Il semblerait que le sel soit mauvais pour la santé. Je n'ai .... jamais eu de problème de santé, bien que je mange trop salé.

Je m'occupe de tout : vous pouvez .... partir au cinéma tranquilles !

Je vais .... vous expliquer comme faire, ... je vous laisserai vous débrouiller, ... j'évaluerai ce que vous faites.

3. Identifiez le type de relation introduit par le connecteur logique dans les phrases suivantes.

Vous voulez être respecté. Comportez-vous donc de manière exemplaire !

Je suis fatiguée, mais heureuse.

Il ne faut pas se décourager. Au contraire, il faut accentuer les efforts.

Nous avons perdu tout notre argent, autrement dit nous sommes ruinés.

Il est impatient, car il va revoir son fils.

Fiche 31. Quelques règles de méthode et de présentation

Dans votre texte, n'oubliez ni l'introduction, ni la conclusion, ni les transitions ! Une transition est nécessaire entre chaque partie. Elle est également nécessaire d'une idée à une autre. Elle permet au lecteur de comprendre l'enchaînement et la cohérence de la pensée. C'est un point de repère indispensable. Elle doit comporter au moins un lien logique, qui précise la nature de l'enchaînement entre les deux parties (opposition, cause / conséquence, concession...).

Attention à la présentation de votre texte :

- *Écrivez en toutes lettres* : les âges et les durées (vingt ans, trois heures...), les adjectifs numéraux ordinaux (le premier jour de l'année...), les nombres lorsqu'ils entrent dans la composition des noms de lieux ou lorsqu'ils permettent le dénombrement simple (EX. : Rue des deux fontaines, cinquante habitants sont inscrits sur les listes électorales.).
- *Écrivez en chiffres romains* : les numéros de tomes, livres, volumes (sauf premier ou première : EX. : premier tome, volume I)..., les nombres suivant un nom propre de souverain (EX. : Louis XIV), les numéros des siècles (le XVIe siècle), les numéros d'arrondissement des villes (le Ve arrondissement de Paris).
- *Écrivez en italique* : les titres d'œuvres, les locutions et citations latines et étrangères, en particulier.
- *N'abusez pas des abréviations.* Tenez-vous en aux abréviations les plus courantes (EX. : Monsieur = M., lorsqu'il est suivi d'un nom de personne). REMARQUE : pas d'abréviation, dans un titre.
- Si vous insérez des citations dans votre texte, n'oubliez pas de le faire entre guillemets.

Un conseil important : relisez-vous ! Mais le travail de relecture ne doit pas conduire à une réécriture, en particulier dans le cadre d'un examen. Il importe simplement de vérifier que l'on va proposer au correcteur un texte correctement rédigé et bien présenté.

Exercices

1. Faites une ou deux phrases de transition entre les idées suivantes.

1) Beaucoup de Français ont une résidence secondaire.
2) Le logement est un problème majeur en France : les mal logés et les sans-logis sont trop nombreux pour un pays développé.

....

....

1) La Lune est un espace fascinant pour l'homme, qui rêve de le conquérir.
2) La conquête spatiale est une aventure très coûteuse et risquée.

....

....

1) Le loisir permet à chacun de profiter de l'existence et de passer du temps en famille.
2) Le travail est une valeur essentielle pour notre société.

....

....

2. Corrigez les phrases suivantes en rétablissant une présentation correcte.

Mme Bovary est un roman de Flaubert. ....

Il a 50 ans. ....

Pascal est allé au ciné avec son prof. ....

Le classicisme est un mouvement littéraire de l'époque de Louis 14. ....

Il a gagné in extremis. ....

3. Relisez le texte suivant et corrigez les fautes que vous y trouverez ! (Mérimée, *Carmen*, 1845)

J'étais donc le nez sur ma chaîne, quand j'entends des bourgeois qui disait : Voilà la gitanilla ! Je levai les yeux, et je la vis. C'était un Vendredi, et je ne l'oublierais jamais. Je vis cette carmen que vous connaissez, chez qui je vous ai rencontré il ya quelque mois.

Fiche 32. Les niveaux de langue

Il faut avoir bien conscience du niveau de langue que l'on utilise. Le niveau de langue peut être **vulgaire**, **familier**, **courant** ou **soutenu**.
À l'écrit, il faut utiliser ni le niveau de langue vulgaire, ni le niveau de langue familier (sauf dans un dialogue ou dans une citation, lorsque l'on fait parler un personnage populaire ou quelqu'un qui s'exprime de manière familière ou vulgaire).
Le niveau de langue choisi doit être courant, pour les actes de la vie quotidienne, ou soutenu, pour les écrits et discours littéraires ou plus officiels.

EX. : Je vous prie de ne pas vous montrer désobligeant à mon égard (soutenu) → Soyez, s'il vous plaît, plus agréable avec moi (courant).

Le niveau de langue est reconnaissable au vocabulaire employé et à la syntaxe :

- **Vocabulaire**

Le niveau de langue familier correspond à un vocabulaire simple, éventuellement populaire. Dans le niveau de langue courant, le vocabulaire est plus précis. Dans le niveau de langue soutenu, il peut être littéraire, rare ou spécialisé.

EX. : bouffer = familier / manger = courant / se restaurer = soutenu

- **Syntaxe**

Le niveau de langue familier correspond à des phrases courtes et à des tournures couramment employées, mais peu élégantes. Dans le niveau de langue courant, la syntaxe est simple et correcte. Dans le vocabulaire soutenu, les phrases sont plus longues et plus complexes.

EX. : l'oubli du « ne » dans la négation « ne … pas » signale le registre familier → « il a pas fini sa soupe ».

Il faut être capable de traduire un énoncé familier, voire vulgaire, dans un niveau de langue plus adapté.

EX. : Il m'a collé son poing dans le pif ! (familier) → Il m'a donné un coup de poing dans le nez (courant).
Il se dépêche d'aller voir son copain (familier) → Il se hâte de rejoindre son ami (soutenu).

REMARQUE : L'usage d'un niveau de langue soutenu peut se révéler maladroit s'il n'est pas maîtrisé. Il faut être sûr de la qualité de son écriture. Lorsque l'on ne souhaite pas s'exprimer de manière littéraire ou officielle, un niveau de langue courant est parfaitement adapté.

Exercices

Céline, *Voyage au bout de la nuit*, 1932

Ça a débuté comme ça. Moi, j'avais jamais rien dit. Rien. C'est Arthur Ganate qui m'a fait parler. Arthur, un étudiant, un carabin lui aussi, un camarade. On se rencontre donc place Clichy. C'était après le déjeuner. Il veut me parler. Je l'écoute. « Restons pas dehors ! qu'il me dit. Rentrons ! » Je rentre avec lui. Voilà. « Cette terrasse, qu'il commence, c'est pour les œufs à la coque ! Viens par ici ! » Alors, on remarque encore qu'il n'y avait personne dans les rues, à cause de la chaleur ; pas de voitures, rien. Quand il fait très froid, non plus, il n'y a personne dans les rues ; c'est lui, même que je m'en souviens, qui m'avait dit à ce propos : « Les gens de Paris ont l'air toujours d'être occupés, mais en fait, ils se promènent du matin au soir ; la preuve, c'est que lorsqu'il ne fait pas bon à se promener, trop froid ou trop chaud, on ne les voit plus ; ils sont tous dedans à prendre des cafés crème et des bocks. C'est ainsi ! Siècle de vitesse ! qu'ils disent. Où ça ? Grands changements ! qu'ils racontent. Comment ça ? Rien n'est changé en vérité. Ils continuent à s'admirer et c'est tout. Et ça n'est pas nouveau non plus. Des mots, et encore pas beaucoup, même parmi les mots qui sont changés ! Deux ou trois par-ci, par-là, des petits… » Bien fiers alors d'avoir fait sonner ces vérités utiles, on est demeuré là assis, ravis, à regarder les dames du café.

1. Dites quel est le niveau de langue utilisé dans le texte de Céline. Justifiez votre réponse.
2. Expliquez l'effet produit par l'usage du niveau de langue que vous aurez identifié dans le texte.
3. Réécrivez ce texte dans un autre niveau de langue. L'effet produit par le texte est-il le même ?

Fiche 33. Quelques registres littéraires

On appelle registre littéraire l'ensemble des caractéristiques d'un texte qui provoquent des effets particuliers (émotionnels ou intellectuels) sur le lecteur ou le spectateur.
Dans un même texte, on peut trouver plusieurs registres et aucun registre littéraire n'est lié exclusivement à un genre littéraire.

On peut citer les registres suivants :

- **Registre épique** : Il est caractéristique de l'épopée, long récit qui évoque les aventures d'un héros et ses hauts faits. Ce registre cherche à provoquer l'admiration et l'enthousiasme du lecteur.
- **Registre tragique** : Un texte tragique émeut et effraie le lecteur. Il inspire également la pitié, car il présente des personnages prisonniers d'un dilemme, et qui ne parviennent pas, malgré leurs efforts, à échapper à leur destin. Dans un texte tragique, le dénouement est malheureux (la mort, la folie...).
- **Registre comique** : Le registre comique vise à divertir et parfois à instruire, en présentant les ridicules des hommes, et parfois de la société, pour inviter chacun à se corriger.
- **Registre satirique** : Un texte satirique se moque des défauts d'un individu ou d'un groupe d'hommes. Il inspire un rire parfois cruel, qui invite à la réflexion.
- **Registre parodique** : La parodie est une imitation satirique d'un texte sérieux, du style d'un auteur, par exemple. Son but est de faire rire.
- **Registre burlesque** : Le burlesque conduit à traiter un sujet sérieux de manière familière ou vulgaire. Son symétrique est l'héroï-comique (traiter un sujet familier ou vulgaire de manière noble.)
- **Registre ironique** : L'ironie repose sur un effet de décalage entre ce que l'on dit et ce qu'on laisse entendre. Elle a une fonction critique ou polémique.
- **Registre polémique** : Il caractérise un texte qui traduit le combat d'un auteur contre des idées, contre une situation jugée injuste ou révoltante.
- **Registre lyrique** : Il se retrouve dans un texte où sont exprimés les états d'âme et les émotions de l'auteur. Ce registre est très fréquent en poésie. Il cherche à émouvoir le lecteur.
- **Registre élégiaque** : Un texte élégiaque exprime la plainte et la mélancolie d'un auteur. Il porte souvent sur des questions telles que le malheur en amour ou la mort.
- **Registre pathétique** : Ce registre inspire au lecteur de la pitié devant le malheur des personnages et une situation malheureuse.

Exercices

Molière, *L'École des femmes*, 1662 (acte IV, scène 1)

Arnolphe
J'ai peine, je l'avoue, à demeurer en place,
Et de mille soucis mon esprit s'embarrasse,
Pour pouvoir mettre un ordre et dedans et dehors,
Qui du godelureau rompe tous les efforts.
De quel œil la traîtresse a soutenu ma vue!
De tout ce qu'elle a fait elle n'est point émue;
Et, bien qu'elle me mette à deux doigts du trépas,
On dirait, à la voir, qu'elle n'y touche pas.
Plus, en la regardant, je la voyais tranquille,
Plus je sentais en moi s'échauffer une bile;
Et ces bouillants transports dont s'enflammait mon cœur
Y semblaient redouter mon amoureuse ardeur.
J'étais aigri, fâché, désespéré contre elle;
Et cependant jamais je ne la vis si belle,
Jamais ses yeux aux miens n'ont paru si perçants,
Jamais je n'eus pour eux des désirs si pressants;
Et je sens là dedans qu'il faudra que je crève
Si de mon triste sort la disgrâce s'achève.
Quoi! j'aurai dirigé son éducation
Avec tant de tendresse et de précaution;
Je l'aurai fait passer chez moi dès son enfance,
Et j'en aurai chéri la plus tendre espérance;
Mon cœur aura bâti sur ses attraits naissants,
Et cru la mitonner pour moi durant treize ans,
Afin qu'un jeune fou dont elle s'amourache
Me la vienne enlever jusque sur la moustache,
Lorsqu'elle est avec moi mariée à demi!
Non, parbleu! non, parbleu! Petit sot, mon ami,
Vous aurez beau tourner, ou j'y perdrai mes peines,
Ou je rendrai, ma foi, vos espérances vaines,
Et de moi tout à fait vous ne vous rirez point.

1. Arnolphe est un amoureux malheureux, qui s'estime trahi par celle qu'il aime. Relevez les termes et les procédés qui pourraient faire de cet extrait un monologue tragique.
2. Montrez ce qui peut toutefois être considéré comme comique dans cet extrait.
3. Expliquez le sens de cette hésitation entre le tragique et le comique.

Fiche 34. Maîtriser les règles d'écriture du dialogue

Dans un récit, le dialogue donne du rythme au texte et peut permettre d'en varier le ton. Il est l'un des rares moments où le langage familier, voire vulgaire, peut avoir sa place.

Si l'on inclut un dialogue dans le récit, il faut toutefois veiller à en respecter les règles de présentation.

- **Les verbes introducteurs de parole doivent être riches et variés.**

  Il faut proscrire l'utilisation systématique du verbe « dire », qui peut être remplacé par des verbes plus précis : s'écrier, murmurer, affirmer, annoncer, approuver, relater, révéler, s'exclamer…

- **Pour un dialogue au discours direct, il importe de respecter les règles de présentation (et de ponctuation, en particulier).**

  Pour introduire des paroles, on ouvre les guillemets, sans oublier de les fermer à la fin.
  Dans un dialogue, on va à la ligne et on place un tiret au début de la phrase pour marquer le changement de locuteur.

- **Dans un dialogue retranscrit au discours indirect, il faut être attentif aux règles de concordance des temps et aux transpositions à effectuer par rapport au discours direct (marques de personnes, adverbes…).**

  EX. : Je suis allé faire les courses hier. → Il a dit qu'il était allé faire les courses la veille.
  Je déteste l'école ! → Elle dit qu'elle déteste l'école / Elle disait qu'elle détestait l'école.

  REMARQUE : Au discours indirect, les paroles sont rapportées sans aucune ponctuation particulière (interrogation, exclamation…).

Exercices

1. Transposez le dialogue suivant au discours indirect (Corneille, *Le Cid*, 1637, acte I, scène 1).

    Chimène
    Elvire, m'as-tu fait un rapport bien sincère ?
    Ne déguises-tu rien de ce qu'a dit mon père ?

    Elvire
    Tous mes sens à moi-même en sont encor charmés :
    Il estime Rodrigue autant que vous l'aimez,
    Et si je ne m'abuse à lire dans son âme,
    Il vous commandera de répondre à sa flamme.

    Chimène
    Dis-moi donc, je te prie, une seconde fois
    Ce qui te fait juger qu'il approuve mon choix :
    Apprends-moi de nouveau quel espoir j'en dois prendre ;
    Un si charmant discours ne se peut trop entendre ;
    Tu ne peux trop promettre aux feux de notre amour
    La douce liberté de se montrer au jour.

2. Réécrivez les phrases suivantes au discours direct.

    Je me demande s'il va faire beau ce week-end.

    ....

    Il m'a affirmé qu'il était sûr de lui. ....

    Il a rappelé quels efforts ont été nécessaires pour redresser l'entreprise. ....

    Nous leur avons dit qu'ils partiraient le lendemain.

    ....

    Ils lui ont demandé ce qu'il avait fait ce jour-là.

    ....

3. Écrivez un dialogue, au discours direct, entre un homme qui défend la lecture, et un autre qui n'apprécie que la télévision et le cinéma.

Fiche 35. Effets de rythme

Le rythme d'un texte est créé par la ponctuation, par la longueur des mots et des phrases.

Les phrases brèves correspondent à une recherche d'efficacité et de rythme dans la communication. Dans les textes narratifs, cela permet de créer une certaine tension dans le récit.

Les phrases longues correspondent à une recherche de la précision. L'auteur, dans ce cas, prend le temps d'expliquer. Lorsque les phrases sont plus développées et que le style est plus ample, on parle parfois de périodes.

Il est possible d'introduire une phrase brève au milieu d'un groupe de phrases plus développées. On crée alors un effet de contraste, qui met en valeur le propos de la phrase brève.

Le rythme ternaire est souvent recherché pour son élégance, en conclusion d'une phrase relativement élaborée ou d'un paragraphe. Il est souhaitable que, dans une énumération par exemple, les différents termes soient organisés selon un ordre significatif (gradation, ordre chronologique ou logique…)

EX. : Il était jeune, beau, d'une élégance irréprochable.

Le rythme binaire met davantage en évidence des oppositions. Il va avoir pour objectif de frapper le destinataire, de le persuader.

EX. : Il était gentil, mais un peu lent. Sa femme était plus vive, mais moins sympathique.

On peut également construire la phrase selon un **rythme croissant** (**cadence majeure** : groupes de mots de plus en plus longs = le cas le plus courant dans la phrase française) ou selon un **rythme décroissant** (**cadence mineure** : groupes de mots de moins en moins longs).

EX. : Je me suis montré tel que je fus, méprisable et vil quand je l'ai été, bon, généreux, sublime, quand je l'ai été. (Rousseau, *Confessions*, préambule)

« méprisable et vil » : cadence mineure / « bon, généreux, sublime » : cadence majeure. (REMARQUE : Rousseau nous offre ainsi une image de lui qui se veut positive, même s'il prétend respecter un strict parallélisme entre la peinture de ses défauts et celle de ses qualités. Le rythme a ainsi un effet direct sur le sens.)

Exercices

Chateaubriand, *Mémoires d'Outre-tombe* (1806-1846)

Les soirées d'automne et d'hiver étaient d'une autre nature. Le souper fini et les quatre convives revenus de la table à la cheminée, ma mère se jetait, en soupirant, sur un vieux lit de jour de siamoise flambée ; on mettait devant elle un guéridon avec une bougie. Je m'asseyais auprès du feu avec Lucile ; les domestiques enlevaient le couvert et se retiraient. Mon père commençait alors une promenade, qui ne cessait qu'à l'heure de son coucher. Il était vêtu d'une robe de ratine blanche, ou plutôt d'une espèce de manteau que je n'ai vu qu'à lui. Sa tête, demi-chauve, était couverte d'un grand bonnet blanc qui se tenait tout droit. Lorsqu'en se promenant, il s'éloignait du foyer, la vaste salle était si peu éclairée par une seule bougie qu'on ne le voyait plus ; on l'entendait seulement encore marcher dans les ténèbres : puis il revenait lentement vers la lumière et émergeait peu à peu de l'obscurité, comme un spectre, avec sa robe blanche, son bonnet blanc, sa figure longue et pâle. Lucile et moi, nous échangions quelques mots à voix basse, quand il était à l'autre bout de la salle ; nous nous taisions quand il se rapprochait de nous. Il nous disait, en passant : « De quoi parliez-vous ? » Saisis de terreur, nous ne répondions rien ; il continuait sa marche. Le reste de la soirée, l'oreille n'était plus frappée que du bruit mesuré de ses pas, des soupirs de ma mère et du murmure du vent.

Dix heures sonnaient à l'horloge du château : mon père s'arrêtait ; le même ressort, qui avait soulevé le marteau de l'horloge, semblait avoir suspendu ses pas. Il tirait sa montre, la montait, prenait un grand flambeau d'argent surmonté d'une grande bougie, entrait un moment dans la petite tour de l'ouest, puis revenait, son flambeau à la main, et s'avançait vers sa chambre à coucher dépendante de la petite tour de l'est. Lucile et moi, nous nous tenions sur son passage ; nous l'embrassions, en lui souhaitant une bonne nuit. Il penchait vers nous sa joue sèche et creuse, sans nous répondre, continuait sa route et se retirait au fond de la tour, dont nous entendions les portes se refermer sur lui.

Le talisman était brisé ; ma mère, ma sœur et moi, transformés en statues par la présence de mon père, nous recouvrions les fonctions de la vie. Le premier effet de notre désenchantement se manifestait par un débordement de paroles : si le silence nous avait opprimés, il nous le payait cher.

1. Les phrases de Chateaubriand sont-elles plutôt longues ou brèves ? Peut-on, à certains moments du texte, parler de style périodique ?
2. Montrez que l'écriture repose sur certains effets de contraste rythmique.
3. Écrivez vous-même une phrase où vous utiliserez une cadence majeure et une autre où vous utilisez une cadence mineure.

Fiche 36. Les sonorités

Lorsque l'on veut écrire avec élégance, il faut rechercher **l'euphonie**, c'est-à-dire des sons agréables à l'oreille, et non la cacophonie.

Lorsqu'un même son consonantique est répété, on parle d'**allitération**. On parle d'**assonance** pour la répétition d'un même son vocalique. Il s'agit, principalement en poésie, d'effets de style.

EX. : « Pour qui sont ces serpents qui sifflent sur vos têtes ? » (Racine, *Andromaque*) = allitération en [s].

ATTENTION : Il faut interpréter les sonorités avec mesure et prudence, en s'appuyant sur le contexte.

REMARQUES :

- Ne pas juxtaposer des sonorités inélégantes ou qui peuvent créer des difficultés d'articulation.

  EX. : la juxtaposition de deux « en » = en en discutant avec eux…

- Éviter certaines assonances ou allitérations, involontaires, de même que certains effets de « rimes ».

  EX. : Cette problématique est un peu trop technique.

- Éviter tout hiatus (rencontre de deux sons vocaliques).
  La langue les évite généralement par l'élision (EX. : si + il = s'il) ou par l'adjonction de lettres euphoniques (EX. : Manges-en ! : le -s à l'impératif pour un verbe du 1er groupe est ajouté pour des raisons d'euphonie.).

Exercices

Baudelaire, *Les Fleurs du mal* (1857), *Spleen et Idéal*, « Harmonie du soir »

Voici venir les temps où vibrant sur sa tige
Chaque fleur s'évapore ainsi qu'un encensoir;
Les sons et les parfums tournent dans l'air du soir;
Valse mélancolique et langoureux vertige!

Chaque fleur s'évapore ainsi qu'un encensoir;
Le violon frémit comme un cœur qu'on afflige;
Valse mélancolique et langoureux vertige!
Le ciel est triste et beau comme un grand reposoir.

Le violon frémit comme un cœur qu'on afflige,
Un cœur tendre, qui hait le néant vaste et noir!
Le ciel est triste et beau comme un grand reposoir;
Le soleil s'est noyé dans son sang qui se fige.

Un cœur tendre, qui hait le néant vaste et noir,
Du passé lumineux recueille tout vestige!
Le soleil s'est noyé dans son sang qui se fige…
Ton souvenir en moi luit comme un ostensoir!

1. Relevez les effets d'assonances et d'allitérations dans le poème.
2. Analysez les sonorités présentes dans les rimes. Montrez que le titre annonce la tonalité musicale du poème.
3. Écrivez une phrase dans laquelle vous créerez un effet d'assonance et une autre dans laquelle vous créerez un effet d'allitération.

Fiche 37. Éviter les clichés et les banalités

Pour qu'un texte soit vraiment personnel, il importe de proscrire les clichés, c'est-à-dire les expressions tellement reprises qu'elles ont perdu toute originalité. Il faut trouver des qualificatifs et des comparaisons personnelles, s'efforcer de choisir des mots plus justes pour exprimer ses idées.

Le langage journalistique utilise abondamment les clichés.

EX. : Le silence n'est pas forcément « assourdissant »... Chaque personne frappée par un drame n'a pas forcément à « entamer son travail de deuil »...

Les clichés donnent lieu à un langage bien souvent hyperbolique (marqué par les exagérations, EX. : être mort de fatigue) ou imagé (EX. : se tenir droit comme un i, désigner la paix par une colombe...).
Les clichés peuvent également reposer sur des euphémismes et rejoindre alors le langage dit « politiquement correct ». Il s'agit d'atténuer une réalité supposée déplaisante ou peu valorisante pour les personnes concernées (EX. : une personne à mobilité réduite, pour désigner un handicapé).

Parfois, l'abus de ce type de langage fait que l'on ne sait même plus de qui ou de quoi on parle. C'est pourquoi il est préférable d'utiliser ces expressions avec parcimonie.
Plus généralement, on évitera de multiplier les platitudes et les banalités, qui reposent sur le fameux bon sens populaire, mais qui, à force d'être répétées, en viennent à ne plus avoir beaucoup de sens.

EX. : Il n'y a plus de saisons ! La jeunesse d'aujourd'hui est mal élevée et paresseuse...

Mais on peut jouer avec les clichés en les prenant au pied de la lettre, ce qui est une manière plaisante de montrer la perte de sens qui les affecte.

EX. : « Même avec Dieu, il ne faut pas tenter le Diable ! » (Raymond Devos, qui redonne vie à l'expression commune « tenter le diable », qui a perdu toute valeur de référence au Diable.)

Exercices

1. Identifiez les banalités dans les réflexions de Bouvard et Pécuchet sur la campagne (Flaubert, *Bouvard et Pécuchet*, 1881).

   Déjà ils se voyaient en manches de chemise, au bord d'une plate-bande, émondant des rosiers, et bêchant, binant, maniant de la terre, dépotant des tulipes. Ils se réveilleraient au chant de l'alouette pour suivre les charrues, iraient avec un panier cueillir des pommes, regarderaient faire le beurre, battre le grain, tondre les moutons, soigner les ruches, et se délecteraient au mugissement des vaches et à la senteur des foins coupés. Plus d'écritures ! plus de chefs ! plus même de terme à payer ! Car ils posséderaient un domicile à eux ! Et ils mangeraient les poules de leur basse-cour, les légumes de leur jardin, et dîneraient en gardant leurs sabots !

   ....

   ....

   ....

   ....

   ....

2. Donnez le sens des clichés suivants.

   La cerise sur le gâteau ....

   Un pavé dans la mare ....

   Fraîche comme une rose ....

   Le vent en poupe ....

   Un baron de la drogue ....

   La réponse du berger à la bergère ....

   Par le petit bout de la lorgnette ....

   S'enfoncer dans la crise ....

   Droit dans ses bottes ....

   Ville lumière ....

3. Écrivez quelques phrases dans lesquelles vous utiliserez des clichés, éventuellement en vous en moquant.

Fiche 38. Comparaisons et métaphores

La comparaison est caractérisée par la présence d'un terme comparatif : *comme* est le plus banal d'entre eux. Mais on peut également trouver *de même que, ainsi que, semblable à, pareil à, tel que*… Elle met en relation un comparant et un comparé, autour d'un motif de comparaison (point commun entre le comparant et le comparé).

EX. : Leur silence est lourd comme le plomb.

La métaphore met en relation un comparant et un comparé, sans terme comparatif.

EX. : La vie est un long fleuve tranquille.

Une métaphore poursuivie sur plusieurs propositions ou phrases s'appelle une métaphore filée.

Les comparaisons et métaphores sont très fréquentes dans les textes poétiques. Elles peuvent également aider à comprendre une idée et avoir une fonction didactique. Il ne faut toutefois pas en abuser : elles peuvent alourdir et complexifier inutilement le propos.

Exercices

Baudelaire, *Les Fleurs du mal* (1857), *Spleen et Idéal*, « L'ennemi »

Ma jeunesse ne fut qu'un ténébreux orage,
Traversé çà et là par de brillants soleils;
Le tonnerre et la pluie ont fait un tel ravage,
Qu'il reste en mon jardin bien peu de fruits vermeils.

Voilà que j'ai touché l'automne des idées,
Et qu'il faut employer la pelle et les râteaux
Pour rassembler à neuf les terres inondées,
Où l'eau creuse des trous grands comme des tombeaux.

Et qui sait si les fleurs nouvelles que je rêve
Trouveront dans ce sol lavé comme une grève
Le mystique aliment qui ferait leur vigueur?

— Ô douleur! ô douleur! Le Temps mange la vie,
Et l'obscur Ennemi qui nous ronge le cœur
Du sang que nous perdons croît et se fortifie!

1. Relevez les comparaisons et les métaphores dans le poème.
2. Expliquez le titre du poème.
3. Analysez la fonction des images.

Fiche 39. Autres figures de style

Les répétitions, lorsqu'elles sont délibérées, peuvent être à l'origine d'effets de style qui contribuent à la force d'un texte. C'est le cas, par exemple, des **anaphores** (figure de répétition d'un même terme ou d'un groupe de mots en tête de phrase), qui peuvent scander un texte argumentatif. L'anaphore est une figure très fréquente dans les discours.

EX. : La France est un pays caractérisé par la diversité de ses régions. La France est un pays qui ne se réduit pas à l'Île de France.

La **périphrase** permet au contraire d'éviter des répétitions jugées inélégantes. Ex : Paris est une ville magnifique. Il serait bien que la capitale de la France soit choisie un jour pour organiser les jeux olympiques. (capitale de la France = périphrase, mise pour Paris.)

La **gradation** permet la présentation d'une idée par ordre d'importance croissante (gradation ascendante) ou décroissante (gradation descendante)

EX. : Je te le demande, je t'en prie, je t'en supplie ! (gradation ascendante)

L'**hyperbole** est un procédé d'exagération. Elle peut être utilisée dans une intention polémique, ou plaisante.

EX. : Je t'ai attendu une heure pour que tu rapportes simplement une baguette de pain !

L'**antithèse** permet d'opposer deux termes, ou deux idées.

EX. : Il devrait soutenir la croissance, mais il prend des mesures qui vont favoriser la récession.

L'**oxymore** est une figure plus frappante : elle provoque un choc direct entre deux termes opposés.

EX. : obscure clarté (Corneille)

REMARQUE : La plupart du temps, une écriture simple et claire, éloignée de toute recherche de l'effet, est la garantie de l'efficacité de la communication. Mais, pour les plus à l'aise avec le langage écrit, l'usage de certaines figures de style, en nombre limité, peut être utile.

Exercices

1. Identifiez les figures de style, dans les phrases suivantes.

Cette obscure clarté (Corneille) ....

Ils étaient vingt et trois quand les fusils fleurirent
Vingt et trois qui donnaient le cœur avant le temps
Vingt et trois étrangers et nos frères pourtant
Vingt et trois amoureux de vivre à en mourir
Vingt et trois qui criaient la France en s'abattant. (Aragon)

....

Je m'en vais vous mander la chose la plus étonnante, la plus surprenante, la plus merveilleuse, la plus miraculeuse, la plus triomphante, la plus étourdissante, la plus inouïe, la plus singulière, la plus extraordinaire, la plus incroyable, la plus imprévue, la plus grande, la plus petite, la plus rare, la plus commune, la plus éclatante, la plus secrète jusqu'à aujourd'hui, la plus brillante, la plus digne d'envie... (Madame de Sévigné)

....

L'homme du 18 juin ....

Nous croyons suivre l'impulsion de la nature, et nous lui résistons. (Rousseau) ....

2. Faites une phrase pour chacune des figures de style suivantes.

Oxymore ....
Antithèse ....
Hyperbole ....
Gradation ....
Périphrase ....

3. Recherchez d'autres figures de style. Définissez-les et donnez un exemple pour les illustrer.

Fiche 40. Écrire, pour le plaisir !

Pour mieux rédiger, il faut prendre l'habitude d'écrire : en prose, en vers, pour raconter ou pour argumenter. À l'école, on a souvent appris que les mots étaient une affaire sérieuse. Mais l'écriture peut aussi être un jeu !

Si vous voulez écrire, vous pouvez vous inspirer des formes suivantes :

- L'acrostiche : poème dont le thème ou le nom de l'auteur est donné dans un mot qui forme la première lettre de chaque vers.
- Le calligramme : poème qui dessine, au moins approximativement, l'objet évoqué.
- Cadavre exquis : jeu inventé par les surréalistes, « qui consiste à faire composer une phrase, ou un dessin, par plusieurs personnes sans qu'aucune d'elles puisse tenir compte de la collaboration ou des collaborations précédentes. »

L'humoriste Pierre Desproges (1939-1988) déplorait les contraintes excessives qui pèsent sur l'écriture :

> *Dieu merci, quand on se contente de penser au lieu d'écrire, on a parfaitement le droit de sauter du coq à l'âne, sans s'attirer des remarques désobligeantes.*
> *J'aurais dû être dérouleur de pensées plutôt qu'écriveur de bouquins.*

Mieux rédiger suppose aussi d'avoir confiance en soi. Alors, sans prétention, mais sans inquiétude, accordez-vous le « droit de sauter du coq à l'âne », et prenez le risque d'inventer vos propres textes.

Corrigés

Ces corrigés sont des propositions. Attention il existe parfois plusieurs réponses possibles.

Fiche 1

1. Les mots invariables.

Adverbes : brillamment, beaucoup, toujours, peu, ensemble, plus

Prépositions : sans, d', avec, à, de

Conjonctions : quand, bien que

Interjections : hourra, hélas

2. Les adverbes en -ment.

Simplement, récemment, différemment, chèrement, courageusement, violemment, doucement, collectivement, difficilement, brièvement.

3. Les conjonctions de coordination et subordination.

Il veut que son fils ait une situation dans la vie, car il a éprouvé lui-même la difficulté à être ouvrier.

Sa mère l'adore, mais elle n'accepte pas qu'il fasse ses propres choix.

Bien qu'il soit un garçon respectueux, il leur parle parfois sans ménagement.

Quand on est bien quelque part, il faut y rester.

Vu qu'il vous connaît, il vous fera confiance.

Fiche 2

1. Réécriture au pluriel.

Il a admiré les magnifiques tableaux de Picasso. Ces chefs-d'œuvre ne sont pas banals !

Il visite les chantiers navals.

J'ai fait de gros gâteaux pour les anniversaires de mes enfants.

Il a des rendez-vous au tribunal.

Ces garçons sont ambitieux.

Ses vestes vertes sont ridicules. Je n'apprécie pas non plus ses chemises roses.

2. Le pluriel des noms composés.

Des garde-robes, des timbres-poste, des hors-la-loi, des lave-vaisselle, des arcs-en-ciel

3. Accords.

Il est deux heures et demie.

Il lui faut une demi-heure pour arriver.

Cette idée et ce projet semblent irréalisables.

Il a mis de nouveaux pneus à sa voiture.

Il s'est fait un bleu au genou.

Fiche 3

1. L'accord des participes passés.

Débordées, Carine et Louise n'ont pas le temps de passer nous voir.

Ils se sont donné rendez-vous.

Nous nous sommes promené(e)s ensemble.

Tu as rangé ta chambre.

Nous les avons vu(e)s tourner à gauche.

Elles se sont promis fidélité.

Ils sont peu préparés à affronter cette épreuve.

Les erreurs qu'il a faites sont inadmissibles.

Ce sont les meubles que j'ai achetés.

Tu le lui as dit ?

2. L'accord des participes passés.

Une fois décidés, Joseph et Andrée ont déménagé très vite. Ils avaient choisi d'habiter en Provence. Cette région était devenue leur préférée après de nombreuses vacances qu'ils y avaient passées. Le déménagement était une idée à laquelle ils s'étaient habitués facilement. Ils n'avaient pas apprécié leur vie en Auvergne. La rigueur du climat ne leur avait pas convenu. Ils étaient convaincus que leur vie en Provence serait également facilitée par la présence de leurs enfants à leurs côtés.

3. Rousseau, *Émile ou De l'éducation* (1762) (passé composé).

Je n'ai conçu qu'une manière de voyager, plus agréable que d'aller à cheval : c'est d'aller à pied. [...]
Combien de plaisirs différents on a rassemblés par cette agréable manière de voyager ! sans compter la santé qui s'est affermie, l'humeur qui s'est égayée. [...] Combien le cœur a ri quand on a approché du gîte ! Combien un repas grossier a paru savoureux ! Avec quel plaisir on s'est reposé à table ! Quel bon sommeil on a fait dans un mauvais lit ! Quand on n'a voulu qu'arriver, on a pu courir en chaise de poste ; mais quand on a voulu voyager, il a fallu aller à pied.

Fiche 4

1. Signes de ponctuation – *Germinal* (1885) de Zola (5e partie, chapitre 5).

« Quels visages atroces ! » balbutia Madame Hennebeau.
Négrel dit entre ses dents : « Le diable m'emporte si j'en reconnais un seul ! D'où sortent-ils donc, ces bandits-là ? »
Et, en effet, la colère, la faim, ces deux mois de souffrance et cette débandade enragée au travers des fosses, avaient allongé en mâchoires de bêtes fauves les faces placides des houilleurs de Montsou. À ce moment, le soleil se couchait, les derniers rayons d'une pourpre sombre ensanglantaient la plaine. Alors, la route sembla charrier du sang, les femmes, les hommes continuaient à galoper, saignants comme des bouchers en pleine tuerie.
« Oh ! superbe ! » dirent à demi-voix Lucie et Jeanne, remuées dans leur goût d'artistes par cette belle horreur.
Elles s'effrayaient pourtant, elles reculèrent près de Madame Hennebeau, qui s'était appuyée sur une auge. L'idée qu'il suffisait d'un regard entre les planches de cette porte disjointe, pour qu'on les massacrât, la glaçait. Négrel se sentait blêmir, lui aussi, très brave d'ordinaire, saisi là d'une épouvante supérieure à sa volonté, une de ces épouvante qui souffle de l'inconnu. Dans le foin, Cécile ne bougeait plus. Et les autres, malgré leur désir de détourner les yeux, ne le pouvaient pas, regardaient quand même.
C'était la vision rouge de la révolution qui les emporterait tous, fatalement, par une soirée sanglante de cette fin de siècle. Oui, un soir, le peuple lâché, débridé, galoperait ainsi sur les chemins ; et il ruissellerait du sang des bourgeois, il promènerait des têtes, il sèmerait l'or des coffres éventrés. [...]
Un grand cri s'éleva, domina la Marseillaise : « Du pain ! du pain ! du pain ! »

2. Point, point d'interrogation ou point d'exclamation.

Quelle belle prestation !

Il ne mange jamais de fromage.

La porte est-elle ouverte ou fermée ?

Où peut-on trouver de beaux fruits ?

Achetez mes abricots : deux kilos pour le prix d'un !

3. Dialogue entre les houilleurs de Montsou et Mme Hennebeau.

« Calmez-vous…, bredouilla Mme Hennebeau.
— Nous avons faim ; nous voulons pouvoir donner à manger à nos enfants, lui répliquèrent les houilleurs.
— Si vous dépensiez un peu moins d'argent pour acheter de l'alcool, vous en auriez davantage pour acheter de la nourriture, leur asséna-t-elle.
— Arrêtez de nous mépriser ! » hurlèrent en chœur les houilleurs, révoltés.
Et pour mettre un terme à ce dialogue de sourds, Mme Hennebeau marmonna : « Pfff… vous n'avez pas de pain : vous n'avez qu'à manger de la brioche ! »

Fiche 5

1. Complétez ces mots avec un ou des accents, si nécessaire.

   Un intérêt, un progrès, un arrêt, mûr, complexe, par-delà, un symbole, disgracié, une chaine, un congénère

2. Conjugaisons (accents).

   Nous admirâmes, vous vîtes, qu'il devînt, il devint, vous lûtes.

3. Participe passé du verbe *devoir*.

   Vous avez dû renoncer à vos privilèges.

   Ces cadeaux, il les lui a dus.

   Il a dû s'absenter.

   Les inconvénients dus à la neige vont bientôt cesser.

   Les difficultés dues à son handicap ne s'arrangent pas.

Fiche 6

1. Justification des modes et des temps.

Je *passerais* te voir, si tu m'invitais. → conditionnel présent, expression de l'hypothèse.

Lisez ce livre, vous ne serez pas déçu. → impératif présent, ordre.

Il est possible qu'il ne m'*apprécie* pas. → subjonctif présent, expression de la possibilité, de l'hypothèse.

Je *faisais* la cuisine quand le téléphone *sonna*. → imparfait de l'indicatif / passé simple de l'indicatif, contraste entre une action qui dure dans le passé et un événement plus ponctuel.

Je te *demanderai* d'être plus poli. → futur simple dans le passé, expression de l'ordre.

Deux et deux *font* quatre. → présent de l'indicatif, vérité générale.

Je *m'occupe* de toi dans deux secondes. → présent de l'indicatif, futur proche.

Je *venais* te chercher au lycée tous les vendredis. → imparfait, expression de l'habitude.

2. Réécriture aux temps composés : les temps composés expriment une idée d'accompli.

Tu n'as jamais douté de rien.

Le feu s'est propagé très rapidement.

J'aurais voulu que tu le quittasses.

Si je t'avais écouté, j'aurais échoué.

J'aurai souri à ses blagues.

3. Conjuguez les verbes aux modes et aux temps adaptés.

Accordez-moi votre aide.

Bien qu'il soit très malhonnête, tout le monde semble lui faire confiance.

Il arrive que l'on atterrisse d'urgence.

Si j'avais été élu, j'aurais travaillé davantage.

Ils étaient en train de se disputer. Soudain, son mari frappa à la porte.

Fiche 7

1. **Présent de l'indicatif ou présent du subjonctif.**

Je veux qu'il fasse des efforts.

Il affirme que vous accomplissez correctement vos missions.

Quoi qu'il advienne, je te soutiendrai.

Vous devez nous rappeler pour que nous constituions votre dossier.

Il faut que tu finisses de repeindre ton mur.

Je crains qu'il ne puisse pas nous rejoindre.

Je m'étonne qu'ils ne sachent pas ton nom.

Il est probable que vous deviez reporter votre voyage.

2. **Expression de la probabilité ou de l'incertitude.**

Il se peut que je ne sois pas le meilleur pour ce travail.

Il est possible que vous n'arriviez jamais à l'heure.

Il se peut que mon oncle soit en train de mourir du cancer.

Il est possible que ce médicament puisse me guérir.

Il est possible qu'ils doivent économiser pour payer leurs dettes.

3. **Conjuguez le verbe de la subordonnée au temps du subjonctif qui convient.**

Il souhaitait que son fils l'appelât.

J'aurais aimé que Léo fît plus d'efforts.

Il n'était pas certain qu'il pût participer au concours.

Je veux qu'il réfléchisse à son avenir.

Tu craignais qu'il ne résistât pas à un tel traitement.

Fiche 8

1. Les prépositions et leur sens.

Il a voyagé avec son frère. → avec : accompagnement.

Nous passerons à la caisse après toi. → à : lieu, après : temps.

Vous êtes auprès de lui ? → auprès de : proximité.

Je suis désormais sans argent. → sans : privation.

Elle manque de tout. de → construction indirecte du verbe *manquer*.

2. Les prépositions.

Il est allé chez le dentiste.

Je suis fâchée contre lui.

Elle a obtenu le baccalauréat grâce à son professeur.

Il a lu cette information dans le journal.

Tu vas à l'école en bus.

3. Les locutions prépositionnelles.

Avant de → Tu vas te laver les dents, avant d'aller te coucher.

Au lieu de → Il va se promener au lieu de réviser ses leçons.

Grâce à → Je me suis qualifiée pour le prochain tour grâce aux conseils de mon entraîneur.

À cause de → J'ai perdu à cause de lui.

Au profit de → Il va faire un spectacle au profit d'une association caritative.

Fiche 9

1. Les pronoms personnels.

Ils vont se disputer, si nous n'intervenons pas.

Elle me déplaît, je ne veux plus la voir ici.

Il a acheté des cadeaux pour ses enfants. Hier, il les leur a donnés.

L'élève a rendu son devoir au professeur. Ce dernier le lui a corrigé rapidement.

Ils ont cueilli des cerises. Ils en ont mangé plus qu'ils n'en ont mis dans leur panier.

2. En / y.

Penses-tu à ton fils ? Je pense à lui.

Avez-vous assez de pain ? J'en ai assez.

Te souviens-tu de tes vacances ? Je m'en souviens.

Voulez-vous plus de soutien ? J'en veux plus.

Travaillez-vous dans ce magasin ? J'y travaille.

3. Pronoms relatifs.

Les médicaments que le médecin m'a prescrits sont inefficaces.

C'est lui qui doit être puni.

La candidate à laquelle je pense serait très compétente pour le poste.

La mère dont je garde les enfants travaille à l'usine.

L'Espagne est le pays où je voudrais habiter.

Fiche 10

1. Équivoques liées aux infinitifs, participes ou gérondifs.

Chantant dans la cuisine, je parle à mon mari. Chantant : pas de sujet propre, devrait se rapporter à *je*.
→ Je parle à mon mari qui chante dans la cuisine.

Les vacances étant finies, nous devons repartir. Étant finies : sujet → les vacances.

Félicitée par ses collègues, le patron la remercie pour son travail. Félicitée : pas de sujet propre, devrait se rapporter à *le patron*.
→ Le patron la remercie pour son travail, elle qui a été félicitée par ses collègues.

Ayant remboursé son prêt, la banque ne lui envoie plus de lettres menaçantes. Ayant remboursé son prêt : pas de sujet propre, devrait se rapporter à la banque.
→ La banque ne lui envoie plus de lettres menaçantes, car elle a remboursé son prêt.

Resté seul, il s'ennuie. Resté : pas de sujet propre, se rapporte à *il*.

2. Équivoques liées à l'emploi des pronoms personnels.

Louis discute souvent avec son oncle, mais ce dernier n'est jamais très à l'écoute.

La voiture a tué sa fille. Cette dernière a été emportée par un chauffard.

La clarinette est la passion de Marie. Celle-ci y consacre de nombreuses heures.

Il ne sait plus quoi faire pour son fils. Celui-ci ne veut jamais écouter ses conseils.

Elle voudrait chasser cette mouche. Celle-ci fait un bruit agaçant.

3. Équivoques liées aux adjectifs possessifs.

Jean et sa sœur vont au cinéma. Voir un film est le plaisir du jeune homme.

Il a posé le manteau de la jeune fille sur la chaise.

Elle se promène avec lui le long de la rivière. Elle regarde son propre reflet dans l'eau.

La mère Michel est allée le voir. Il cherche le chat de cette dame.

Il est heureux de passer deux jours chez son ami. Il n'aime toutefois pas coucher dans un autre lit que le sien.

Fiche 11

1. Notre / nôtre, votre / vôtre.

Vous devez y mettre du vôtre.

C'est notre fils, et non le vôtre.

Tu es des nôtres, si tu obéis à notre règlement.

Ces meubles que vous avez achetés sont désormais les vôtres.

2. Davantage / d'avantage.

Il me faut davantage de farine pour faire mon gâteau.

Vous ne pouvez pas profiter d'avantages particuliers avec cette carte.

Il y a plus d'avantages que d'inconvénients à entreprendre ce voyage.

Fait-il davantage d'efforts ?

3. D'autres homophones.

Sans (préposition), cent (100), sang (liquide du corps)

Seau (récipient), sceau (cachet officiel), saut (action de sauter), sot (stupide)

Dans (préposition), d'en (de + en)

Cane (animal), canne (bâton sur lequel on peut s'appuyer pour marcher)

Reine (épouse du roi), rêne (ce qui sert à guider le cheval), renne (animal)

Fiche 12

1. Polysémie.

Facteur : celui qui distribue le courrier, celui qui fabrique des instruments, ce qui contribue à un résultat.

Figure : visage, air, personnalité importante, forme géométrique

Propre : net, soigné, approprié, qui caractérise une personne

Souris : petit rongeur, petit appareil permettant de contrôler le curseur sur un écran

Léger : de faible poids, peu important, gracieux

2. Connotations.

Lourd : d'un poids important, mais suggère aussi que la personne peut être pénible, ennuyeuse (connotation péjorative)…

Gentil : de compagnie agréable, mais aussi un peu niais, peu intelligent (connotation péjorative)…

Sublime : grande beauté, notion esthétique (d'un registre de langue soutenu)

Blanchâtre : d'un blanc sale (connotation péjorative)…

Rouge : sang, luxe (tapis rouge, par exemple), couleur du communisme...

3. Des formulations plus expressives.

Beaucoup d'élèves connaissent l'échec scolaire au lycée.

Tu me demandes un rendez-vous depuis longtemps.

Le repas de ce soir est délicieux.

Je n'ai qu'une seule exigence : que tu me respectes.

Je n'ai pas été malade depuis longtemps. Je suis en parfaite santé.

Il y a beaucoup de spectateurs qui assistent à cette pièce de théâtre.

J'ai cru ma dernière heure arrivée. J'étais terrifié.

En 1977, je suis allé dans un lieu que j'ai oublié, pour les vacances d'été. Je me souviens seulement que c'était au sud de la France.

J'apprécie cette musique. Elle est formidable !

Je t'ai donné de l'argent. Débrouille-toi avec ce que tu as !

Fiche 13

1. Les verbes introducteurs de paroles.

Molière, *Le Misanthrope* (1666), acte I, scène 1

Philinte demanda à Alceste ce qui se passait, ce qu'il avait. Alceste le pria de le laisser. Son ami continua pourtant : il lui demanda quelle bizarrerie... Mais Alceste l'interrompit, et exigea que Philinte le laisse là, et qu'il courre se cacher. Philinte lui répliqua qu'on entendait au moins les gens, sans se fâcher. Alceste s'obstina et répondit qu'il ne voulait pas se fâcher, et qu'il ne voulait point entendre.

2. Le verbe *faire*.

J'ai effectué un excellent travail pour mon patron.

Je lui ai tricoté un pull-over.

Quand je vais en vacances, j'aime bien prendre des photos.

Pour te réchauffer, essaie d'allumer un feu.

Excuse-moi, j'ai commis une erreur.

3. Le verbe *mettre*.

J'ai enfilé mon manteau pour sortir.

J'applique de la crème sur tes boutons.

Elle a accouché de son deuxième enfant.

Il a allumé la lumière.

Vous devriez placer votre argent en bourse.

Fiche 14

1. Synonymes.

adversaire = ennemi
neuf = récent
heureux = joyeux
mort = décédé
lit = couche

2. Antonymes.

fort / faible
gentillesse / méchanceté
vieux / jeune
laid / beau
aimer / haïr
simple / complexe
disputer / féliciter
liberté / contrainte

3. Antonymes.

hypocalorique / hypercalorique
monogame / polygame
rétrospective / prospective
légal / illégal
extraverti / introverti
entente / mésentente
joindre / disjoindre
normal / anormal

Fiche 15

1. Néologismes (Raymond Queneau).

Capitalistement : adverbe formé à partir de « capitaliste »
Infirmeux : mot formé à partir d'« infirme » (+ suffixe péjoratif)
Littératurer : mot formé à partir de « littérature » et de « raturer »
Gluantise : nom formé à partir de l'adjectif « gluant » (qualité de ce qui est gluant)
Pharmaceux : mot formé à partir du nom « pharmacien » (connotation péjorative)
Curriculumviter : mot formé à partir du nom *curriculum vitae* = faire un *curriculum vitae*.

2. Anglicismes.

un abstract : un résumé
un fast-food : un établissement de restauration rapide
un mail : un courriel
un challenger : un concurrent
low cost : à bas prix
dispatcher : répartir
packaging : conditionnement, emballage
coach : entraîneur
staff : équipe
background : arrière-plan

3. Archaïsmes.

amant : amoureux, soupirant
badinage : discours de séduction, jeu amoureux qui s'appuie sur le langage
inquiet : qui ne peut trouver le repos
soufflet : gifle
souffrir : supporter, tolérer
cependant : pendant ce temps
hymen : mariage
imbécile : faible (de corps, puis par extension : faible d'esprit)
cœur : courage
feu : amour

Fiche 16

1. Homonymes.

Il s'est cassé le poignet.

Elle est restée accrochée à la poignée de la porte.

Il a refait son mur, sans oublier les plinthes.

J'écoute la plainte des loups.

Il a les yeux en amande.

À force de rouler trop vite, j'ai eu une amende.

2. Paronymes.

Pécher : faire une faute, agir de manière contraire aux commandements de Dieu / pêcher : attraper des poissons

Diptyque : œuvre de peinture ou de sculpture en deux parties / distique : strophe de deux vers

Irruption : entrée soudaine / éruption : phase d'activité d'un volcan

Enfantin : propre à l'enfant / infantile : puéril (connotation qui peut être péjorative)

Bailler : donner / bâiller : ouvrir la bouche sous l'effet du sommeil ou de la faim.

3. Paronymes.

Ils ont dû tester l'adhérence de ces pneus.

L'adhésion à un syndicat permet d'être mieux défendu au travail.

L'encre n'est pas encore sèche.

Le bateau a jeté l'ancre dans ce port.

La catastrophe est imminente.

Je vais consulter un éminent spécialiste du cancer.

Les touristes américains apprécient souvent les hôtels de luxe

La luxure est un péché capital.

Ils ont perpétré ensemble le crime.

Nous devons perpétuer la mémoire de ce grand résistant.

Fiche 17

1. Barbarismes.

Le métier d'infirmière exige beaucoup de dévouement.

Ce métier n'est pas correctement rémunéré.

Je suis obnubilé par cette idée.

Il doit décoller à l'aéroport de la ville.

C'était une vision enchanteresse.

2. Barbarismes, impropriétés.

Lorsqu'il a entendu la réponse, il est resté prostré pendant des heures.

La vipère est un serpent venimeux.

J'emmène mes enfants à l'école.

Tu m'as induit en erreur.

L'incendie a été circonscrit.

3. Corrigez les incorrections suivantes.

En définitive, il a échoué.

Il a dit que c'était ma faute.

Il a recouvré l'usage de ses jambes.

Sa façade est décrépie.

Le prétendu repas était en fait un simple apéritif.

Fiche 18

1. Place de l'adjectif.

Un homme grand = taille – un grand homme = un homme qui a une influence sur l'histoire

L'année dernière = l'année qui précède l'année en cours – la dernière année = la dernière année d'une période

Mon vêtement propre = mon vêtement net, qui n'est pas sale – mon propre vêtement = le vêtement qui m'appartient

Une drôle d'histoire = une histoire étrange – une histoire drôle = une histoire amusante

Un garçon curieux = un garçon qui a envie d'apprendre – un curieux garçon = un étrange garçon

2. Molière, *Le Bourgeois gentilhomme*, 1670.

Les formulations du maître conduisent à mettre en valeur différents termes. Ce sont toutefois des formulations peu naturelles, pour beaucoup d'entre elles. La phrase que le maître finit par préférer est donc la plus simple et la plus claire, celle qui traduit le plus directement la pensée de M. Jourdain : *Belle Marquise, vos beaux yeux me font mourir d'amour.* Le comique de l'extrait réside dans les multiples distorsions que le maître fait subir à la langue, pour choisir enfin la formulation la plus évidente. Molière montre que l'ordre des mots le plus naturel est souvent le meilleur.

3. L'ordre des mots dans la phrase interrogative.

Interrogatives directes.

Tu aimes le piano. → Aimes-tu le piano ?

François est le meilleur adversaire pour toi. → François est-il le meilleur adversaire pour toi ?

Interrogatives indirectes.

Léo veut-il vraiment gagner ? → Je me demande si Léo veut vraiment gagner.

Apprécies-tu le sport ? → Je me demande si tu apprécies le sport.

Les enfants sont-ils capables d'être sages pendant le rendez-vous ? → Je me demande si les enfants sont capables d'être sages pendant le rendez-vous.

Fiche 19

1. Procédés d'emphase.

Ton frère vient avec toi ?

Cet enfant mérite qu'on lui vienne en aide.

Le privilège d'ouvrir le bal lui revient.

Mon père va encore me demander de sortir.

Cette voiture est à toi ?

2. Procédé de détachement.

Elle prend des vacances deux fois par an. → Ses vacances, elle les prend deux fois par an. → Elle les prend deux fois par an, ses vacances.

Il déteste ses collègues. → Ses collègues, il les déteste. → Il les déteste, ses collègues.

Joséphine est fatiguée ce soir. → Joséphine, elle est fatiguée ce soir. → Elle est fatiguée ce soir, Joséphine.

Sébastien a des brûlures d'estomac. → Sébastien, il a des brûlures d'estomac. → Il a des brûlures d'estomac, Sébastien.

Nous buvons le café beaucoup trop sucré. → Le café, nous le buvons beaucoup trop sucré. → Nous le buvons beaucoup trop sucré, le café.

3. Procédé d'extraction.

Vincent a échoué au concours. → C'est Vincent qui a échoué au concours. → C'est au concours que Vincent a échoué.

Sa sœur va nous obliger à partir. → C'est sa sœur qui va nous obliger à partir. → C'est à partir que sa sœur va nous obliger.

Il regarde la télévision tous les soirs. → C'est lui qui regarde la télévision tous les soirs. → C'est la télévision qu'il regarde tous les soirs. → C'est tous les soirs qu'il regarde la télévision.

La lampe du salon est restée allumée toute la nuit. → C'est la lampe du salon qui est restée allumée toute la nuit. → C'est toute la nuit que la lampe du salon est restée allumée.

J'irai à la boulangerie demain matin. → C'est moi qui irai à la boulangerie demain matin. → C'est à la boulangerie que j'irai demain matin. → C'est demain matin que j'irai à la boulangerie.

Fiche 20

1. Les types de phrases.

   Sors immédiatement ! → impérative (et exclamative)

   J'ai adoré ce spectacle ! → exclamative

   Tu viendras me voir ? → interrogative

   Je serai toujours là pour toi. → déclarative

   Est-ce que nous aurons un cadeau ? → interrogative

2. Phrases interrogatives.

   Le facteur est passé. → Le facteur est-il passé ?

   Le temps nous permettra de visiter la ville. → Le temps nous permettra-t-il de visiter la ville ?

   Il a joué du piano cette après-midi. → A-t-il joué du piano cette après-midi ?

   C'était une bonne surprise. → Était-ce une bonne surprise ?

   Je lui parle de bon cœur. → Lui parlé-je de bon cœur ?

3. Interrogations partielles.

   Il m'a appelé *hier*. → Quand m'a-t-il appelé ?

   Je suis allée *en Corse*. → Où suis-je allée ?

   Il n'a pas pu faire du sport *à cause de son mal de tête*. → Pour quelle raison n'a-t-il pas pu faire du sport ?

   Ils seront *quinze* à table. → Combien seront-ils à table ?

   J'envisage l'avenir *avec optimisme*. → Comment envisagé-je l'avenir ?

Fiche 21

1. Propositions juxtaposées, coordonnées ou subordonnées.

Lorsque je m'ennuie, je prends un livre. → subordonnées

Il était très fatigué. Il voulait rester seul. → juxtaposées

Bien qu'il ait de faibles chances d'être élu, il tient à se présenter aux élections. → subordonnées

Je suis heureuse. Je n'ai besoin de rien d'autre. → juxtaposées

Cet homme était innocent, mais il a été condamné. → coordonnées

2. Phrases simples / phrases complexes.

Elle est allée en vacances, ce qui lui a fait du bien.

Elle devrait davantage travailler pour que sa famille vive mieux.

Les monuments historiques doivent souvent être restaurés, ce qui coûte beaucoup d'argent.

Le Titanic était un magnifique paquebot, qui a fait naufrage.

Lorsque les enfants rentrent de l'école, ils doivent faire leurs devoirs.

3. Phrases complexes / phrases simples.

Le cadeau que ton père m'a offert ne m'a pas plu. → Ton père m'a offert un cadeau. Il ne m'a pas plu.

Il s'est bien rendu compte que ses parents étaient partis. → Ses parents sont partis. Il s'en est bien rendu compte.

Je sais qu'il est difficile de faire lire des adolescents. → Il est difficile de faire lire les adolescents. Je le sais.

La voiture qui est garée sur le trottoir a une amende. → Une voiture est garée sur le trottoir. Elle a une amende.

Il a pris le risque que la police l'interpelle. → Il a pris le risque d'une interpellation par la police.

Fiche 22

1. **Phrases non verbales.**

Figaro : Dix-neuf pieds sur vingt-six.

Figaro *lui prend les mains.* : Sans comparaison, ma charmante.

Suzanne : Dans cette chambre ?

Figaro : Pourquoi ?

2. **Phrases verbales / non verbales.**

Les vacanciers du mois d'août partiront durant le week-end. → Ce week-end : départ des vacanciers du mois d'août.

La météo s'annonce pluvieuse cette semaine. → Météo pluvieuse cette semaine.

La police a découvert de la drogue dans un entrepôt du centre-ville. → Découverte de la police : de la drogue dans un entrepôt du centre-ville.

Maigrir est une préoccupation majeure des Françaises avant l'été. → Maigrir : une préoccupation majeure des Françaises avant l'été.

Les séries TV rencontrent un grand succès auprès des téléspectateurs de 15 à 35 ans. → Grand succès des séries TV auprès des téléspectateurs de 15 à 35 ans.

3. **Phrases non-verbales / phrases verbales.**

Cour d'assises de Limoges : accident ou meurtre ? → Un procès a lieu à la cour d'assises de Limoges. L'affaire qui est jugée est-elle un accident ou un meurtre ?

Deux débats annoncés entre les candidats à la présidentielle. → Deux débats sont annoncés entre les candidats à la présidentielle.

Nos adolescents : tous des dangers publics ? → Nos adolescents sont-ils tous des dangers publics ?

Liberté, égalité, fraternité ! → Notre devise républicaine repose sur trois valeurs : liberté, égalité, fraternité.

Rendez-vous à Lyon, le 7 juillet → Nous vous donnons rendez-vous à Lyon, le 7 juillet.

Fiche 23

1. Pléonasmes.

Il est arrivé en tête de la course.

J'avais un doute, mais ça s'est révélé vrai.

Cette nuit, mon fils a fait un cauchemar.

Il ne m'a pas entendu. Il m'a fait répéter.

Ils ont reçu son violon. C'était, de sa part, un don.

2. Interrogatives.

Travaille-t-il vraiment à la télévision ?

Passe-t-il beaucoup de temps sur les réseaux sociaux ?

Ce pays est-il encore une démocratie ?

Les nouvelles technologies favorisent-elles le lien social ?

Le pain est-il encore un élément essentiel dans notre alimentation ?

3. Passif / actif.

Il est poursuivi par ses ennemis. → Ses ennemis le poursuivent.

Les moyens sont justifiés par la fin. → La fin justifie les moyens.

Nous avons été interrogés par la journaliste. → Le journaliste nous a interrogés.

Les enfants ont été disputés par leurs parents. → Leurs parents ont disputé les enfants.

L'exposé a été fait par ses parents. → Ses parents ont fait l'exposé.

Fiche 24

1. Erreurs de construction.

Ils ont pensé aller à l'université et ils ont cru qu'ils réussiraient.

Nous apprécions la politesse et nous ne détestons pas qu'ils nous obéissent.

Vous voulez que ce Dieu vous comble de bienfaits
Et vous voulez ne l'aimer jamais ?

La drogue peut pousser au crime et l'inspirer.

Il est bien considéré et on pense qu'il est innocent.

2. Négation *ni*.

Je pense qu'il n'est ni intelligent ni sympathique.

Il n'a ni femme ni enfant.

Les voleurs ne m'ont pris ni mon argent ni mes bijoux.

Ni les difficultés sociales, ni les difficultés économiques ne peuvent expliquer les actes de délinquance.

Je ne peux ni le soigner ni le guérir.

3. Trouvez quelques exemples de ruptures de construction littéraires, destinées à produire un effet de style.

Baudelaire, *Les Fleurs du Mal*, « L'Albatros »

> Exilé sur le sol au milieu des huées
> Ses ailes de géant l'empêchent de marcher.

Racine, *Iphigénie*

> Ah ! savez-vous le crime et qui vous a trahie ?

Hugo, *Booz endormi*

> Vêtu de probité candide et de lin blanc

Fiche 25

1. Le récit (Flaubert, *L'Éducation sentimentale* – 1869). Proposition de suite.

Arrivé à Nogent-sur-Marne, Frédéric Moreau s'installa chez sa tante, qui l'accueillit avec fierté. On n'avait encore jamais eu de bachelier dans la famille. Le bac, ce n'était pas rien, tout de même ! Après ça, un enfant devenait un homme.

Quelques semaines plus tard, Frédéric, lui, était beaucoup moins enthousiaste. Il commençait à s'ennuyer. Qu'allait-il faire de sa vie ? Pour le moment, il ne faisait qu'attendre. Attendre quoi ? Il n'en savait rien. Il aurait voulu *réussir dans la vie, avoir une situation*. Mais il n'avait la volonté et le courage ni de continuer ses études, ni de se mettre au travail.

Il semblait en fait se perdre dans la lecture des romans. Il lisait, jusqu'à en oublier l'heure et tout ce qui était autour de lui. Il se rêvait en chevalier ou en amoureux mélancolique, méditant en haut d'une falaise, face à la mer. La littérature lui offrait la possibilité de vivre ce que la vie lui refusait : l'amour, le succès, l'héroïsme.

Alors, il essaya d'écrire. Pourquoi pas lui ? Avait-il moins de talent que Vigny, Hugo ou Musset ? Il écrivit d'abord pour se désennuyer, puis il écrivit par passion, en s'y jetant corps et âme. Sa tante le regarda avec déception. Lui, se regarda enfin avec fierté.

2. La description (Balzac, *Le Lys dans la vallée* – 1836). Cette description est-elle objective ? Relevez les images qu'elle comporte et expliquez leur effet.

La description est subjective. C'est à travers les yeux du narrateur que la femme est décrite. Ce sont des yeux d'homme sur une belle femme. Les épaules de la femme sont personnifiées (elles « semblaient rougir », elles sont qualifiées de « pudiques », elles auraient une « âme »). La femme est aussi comparée à une « petite fille » : le narrateur suggère ainsi l'innocence et la vertu de celle qu'il décrit. La comparaison permet également d'insister sur la perfection du teint et de la peau. En conclusion de l'extrait, le narrateur affirme que son « imagination courut comme en de frais sentiers » sur le corps de la femme. La description est, pour lui, la possibilité d'exprimer son désir librement, ce qu'il ne pourrait probablement pas faire dans le dialogue avec la femme.

3. **Paragraphe argumentatif : La description vous semble-t-elle être un élément indispensable dans un récit ?**

La description est ce que parfois on ne lit pas, dans un roman. On trouve les paragraphes descriptifs ennuyeux, parce qu'ils constituent des pauses narratives : il ne s'y passe rien. La description n'est toutefois pas un élément secondaire du récit. Elle nous donne de nombreux renseignements sur le cadre spatio-temporel, sur la situation ou sur les personnages. Un roman n'est pas qu'une succession d'actions. La description de la mine, dans *Germinal* de Zola, par exemple, nous informe sur les conditions de travail difficiles des mineurs. De plus, elle n'est pas simplement réaliste. Elle fait de la mine un monstre qui dévore les hommes. Elle confère au roman une dimension épique : les mineurs sont des héros qui luttent contre une force supérieure, prête à les anéantir.

Fiche 26

1. L'incipit d'*Une Vie* (1883) de Maupassant.

Qui ? Jeanne = nom du personnage principal, qui apparaît dans une atmosphère mélancolique. Elle est sortie la veille du couvent, pleine d'espoir. Elle attend de découvrir la vie, car elle ne la connaît pas. Elle est restée enfermée de 12 à 17 ans. Elle sort du couvent « chaste ».
Le baron Simon-Jacques Le Perthuis des Vauds, « gentilhomme de l'autre siècle », est « maniaque et bon. Disciple enthousiaste de J.-J. Rousseau, il avait des tendresses d'amant pour la nature, les champs, les bois, les bêtes. » C'est un « homme de théorie », qui conçoit des plans, dont on comprend qu'ils ne vont pas forcément résister à l'épreuve du réel.

Quand ? 1819 – 2 mai = date du début de sa vie, qui est celle de sa sortie du couvent.

2. Lettre de motivation.

Ayant pris connaissance de votre offre d'emploi n° XYZ123, je me permets de vous écrire pour vous présenter ma candidature au poste de secrétaire de mairie. Je pense disposer des compétences nécessaires pour vous donner entière satisfaction dans mon travail.

3. Lettre de motivation (suite).

Je souhaiterais donc m'engager pleinement dans ce travail de secrétaire de mairie, si vous me faisiez l'honneur de me le confier. En vous remerciant par avance de l'intérêt que vous prêterez à ma candidature et dans l'espoir que celle-ci retiendra votre attention, je vous prie, Madame, Monsieur, de recevoir l'assurance de ma considération distinguée.

Fiche 27

1. **Analysez la structure de la description dans l'extrait suivant.**

La description rend compte de la descente des ouvriers dans le puits. Elle est structurée par des notations temporelles : « dès quatre heures » et « puis », qui signale la descente de la cage.

2. **Types de plan.**

- Analysez la crise industrielle en France. → plan analytique
- « La Poésie, pour peu qu'on veuille descendre en soi-même, interroger son âme, rappeler ses souvenirs d'enthousiasme, n'a pas d'autre but qu'Elle-même [...] », Baudelaire, « Théophile Gautier », *L'Art romantique* (1857). Discutez cette affirmation. → plan dialectique
- Quels sont, selon vous, les éléments essentiels pour que la mise en scène d'une pièce de théâtre soit réussie ? → plan thématique
- La justice suppose-t-elle l'égalité ? → plan dialectique

3. **Proposez un plan pour le sujet suivant : Le personnage de roman doit-il nécessairement être un héros ?**

Plan dialectique.

I. Le roman a besoin d'un personnage au destin exceptionnel, incarnant des valeurs positives.

II. Le personnage de roman peut aussi être un être médiocre, auquel le lecteur s'identifie plus facilement.

III. Le roman fait de personnages médiocres des héros du quotidien, confrontés à des situations banales, mais qui exigent d'eux une forme de combat (contre les valeurs dominantes, contre la société...).

Fiche 28

Fontenelle, *Histoire des Oracles*, chapitre IV (1687).

1. L'argumentation

Des paragraphes argumentatifs : de « Assurons-nous bien du fait » à « le ridicule d'avoir trouvé la cause de ce qui n'est point. », de « Rien n'est plus naturel » à « qui s'accommodent très bien avec le faux. »

Fontenelle pense qu'il faudrait être plus prudent et vérifier la réalité d'un fait, avant de chercher à l'expliquer. Il demande aux hommes de progresser sur la voie de la rationalité et de moins laisser vagabonder leur imagination. Il prouve la validité de sa thèse grâce à un récit (argumentation indirecte).

2. La structure du paragraphe narratif.

En 1593, le bruit courut que les dents étant tombées à un enfant de Silésie, âgé de sept ans, il lui en était venu une d'or, à la place d'une de ses grosses dents. Horstius, professeur en médecine dans l'Université de Helmstad, écrivit **en 1595** l'histoire de cette dent, et prétendit qu'elle était en partie naturelle, en partie miraculeuse, et qu'elle avait été envoyée de Dieu à cet enfant pour consoler les Chrétiens affligés par les Turcs. Figurez-vous quelle consolation, et quel rapport de cette dent aux Chrétiens, ni aux Turcs. **En la même année**, afin que cette dent d'or ne manquât pas d'historiens, Rullandus en écrit encore l'histoire. **Deux ans après**, Ingolsteterus, autre savant, écrit contre le sentiment que Rullandus avait de la dent d'or, et Rullandus fait aussitôt une belle et docte réplique. Un autre grand homme nommé Libavius ramasse tout ce qui avait été dit de la dent et y ajoute son sentiment particulier. Il ne manquait autre chose à tant de beaux ouvrages, sinon qu'il fût vrai que la dent était d'or. **Quand un orfèvre l'eut examinée**, il se trouva que c'était une feuille d'or appliquée à la dent avec beaucoup d'adresse ; **mais** on commença par faire des livres, **et puis** on consulta l'orfèvre.

Le paragraphe est structuré par de nombreuses notations temporelles, qui montrent que l'imposture a duré très longtemps.

L'intervention de l'orfèvre, qui rétablit la vérité, y mit un terme très brutalement : la conclusion est donc rapide.

3. **Pourquoi l'homme laisse-t-il aussi facilement son imagination l'éloigner de la connaissance rationnelle ?**

L'homme a besoin de trouver des réponses aux questions qu'il se pose et auxquelles sa raison n'a pas les moyens de répondre. L'ignorance est pour lui un motif d'angoisse. L'imagination lui apporte des réponses rassurantes, consolatoires. Pour certains hommes des Lumières, la religion, par exemple, fait partie de ces réponses qui soulagent face à la peur de l'inconnu. Elle répond en particulier à notre peur de la mort. Les arguments de la raison sont donc très faibles face à la croyance, qui s'appuie sur des émotions qui sont, elles, universelles et très puissantes.

Fiche 29

1. *Le Dernier Jour d'un condamné* de V. Hugo (1829).

Arguments :

Ceux des partisans de la peine de mort	Réponse de V. Hugo
La peine de mort est nécessaire « parce qu'il importe de retrancher de la communauté sociale un membre qui lui a déjà nui et qui pourrait lui nuire encore ».	Pour obtenir ce résultat, « la prison perpétuelle suffirait. »
On peut s'évader d'une prison. La peine de mort est donc plus sûre.	Il faut mieux surveiller les détenus.
La société doit se venger et punir les criminels.	La société ne doit ni se venger, ni punir. Elle doit « corriger pour améliorer ».
Il faut faire des exemples, pour dissuader ceux qui pourraient commettre des crimes de le faire.	Le spectacle d'un supplice est immoral. Il habitue au contraire le peuple à la violence.

Exemple (à l'appui du dernier argument : le spectacle d'un supplice est immoral, et ne peut servir d'exemple) :

> Nous signalerons pourtant un fait entre mille, parce qu'il est le plus récent. Au moment où nous écrivons, il n'a que dix jours de date. Il est du 5 mars, dernier jour du carnaval. À Saint-Pol, immédiatement après l'exécution d'un incendiaire nommé Louis Camus, une troupe de masques est venue danser autour de l'échafaud encore fumant.

Conclusion de l'exemple (analyse) : Faites donc des exemples ! le mardi gras vous rit au nez.

Hugo choisit de transcrire la parole des partisans de la peine de mort et de leur répondre. Il s'attaque donc directement aux objections qui pourraient lui être faites et y répond avec fermeté. Il sait que cette question est très polémique, et anticipe les critiques, ce qui est évidemment très habile.

2. Débats.

Vous me direz que le nucléaire assure l'indépendance énergétique de la France. Certes, mais à quel prix ? Quel est le véritable coût du nucléaire en France ? Il faut prendre en compte les coûts de construction, de fonctionnement et de démantèlement des centrales.
Vous me direz également qu'une centrale nucléaire est plus « propre » qu'une centrale au charbon, moins polluante. Mais... vous vous rappelez Fukushima, ou vous avez déjà oublié ? Dois-je également vous rappeler Tchernobyl ? Un accident, dans une centrale nucléaire, est toujours une catastrophe pour l'humanité. L'homme joue avec une énergie qu'il maîtrise mal. Le risque zéro est une histoire que l'on nous raconte, pour nous rassurer et pour nous faire taire.

Dans une ambition folle de maîtriser toujours plus la nature, nous avons inventé les OGM. Ce serait le progrès... Ce ne serait dangereux ni pour la santé, ni pour l'environnement. Comment pouvons-nous en être si sûrs ? Avons-nous le recul nécessaire ? Au nom du principe de précaution, nous pourrions au moins faire le choix de la prudence.
On voudrait également nous faire croire que ces cultures ne sont pas généralisées et qu'elles sont dans des champs bien identifiés. Elles ne menaceraient pas l'agriculture traditionnelle. Mais la nature va évidemment se charger d'assurer le lien entre les champs ! Que fait-on des abeilles, par exemple ? On leur dit qu'il y a une frontière entre le champ avec des OGM et le champ où est pratiquée une agriculture traditionnelle, et qu'elles ne peuvent pas passer ? La dissémination est inévitable, bien évidemment.

3. Imaginez un discours publicitaire, qui vanterait les mérites d'un produit de votre choix.

Vous avez des problèmes de pellicules ? Achetez le shampooing *Tête et épaules* ! Il protégera vos cheveux et vos épaules des pellicules disgracieuses. N'ayez plus peur de porter des vêtements noirs. Avec le shampooing *Tête et épaules*, dites adieu aux problèmes de pellicules !

Fiche 30

1. Connecteurs (Voltaire, *Dictionnaire philosophique*, article « Préjugés », 1764).

   Ainsi, donc, mais.

2. Connecteurs.

   Tous les hommes sont mortels, or je suis mortel, donc je suis un homme.

   Je pense que la modestie est essentielle. L'expérience montre en fait que la prétention conduit souvent à l'échec.

   Il semblerait que le sel soit mauvais pour la santé. Je n'ai pourtant jamais eu de problème de santé, bien que je mange trop salé.

   Je m'occupe de tout : vous pouvez enfin partir au cinéma tranquilles !

   Je vais d'abord vous expliquer comment faire, ensuite je vous laisserai vous débrouiller, et pour finir j'évaluerai ce que vous faites.

3. Identifiez le type de relation introduit par le connecteur logique dans les phrases suivantes.

   donc → valeur conclusive

   mais → sens d'opposition

   au contraire → opposition

   autrement dit → explication

   car → cause

Fiche 31

1. Transitions.

Beaucoup de Français ont une résidence secondaire. Il s'agit des plus aisés. Pour la plupart des gens, l'achat d'une résidence secondaire est inenvisageable. Il faut déjà résoudre le problème de la résidence principale. En effet, le logement est un problème majeur en France : les mal logés et les sans-logis sont trop nombreux pour un pays développé.

La Lune est un espace fascinant pour l'homme, qui rêve de le conquérir. L'homme s'est lancé dans la conquête spatiale il y a déjà de nombreuses années. Mais les progrès prennent du temps, car la conquête spatiale est une aventure très coûteuse et risquée.

Le loisir permet à chacun de profiter de l'existence et de passer du temps en famille. Il est très important de préserver des moments de loisir. Mais cela ne doit pas conduire à dévaloriser le travail, qui est une valeur essentielle pour notre société.

2. Questions de présentation.

Madame Bovary est un roman de Flaubert.

Il a cinquante ans.

Pascal est allé au cinéma avec son professeur.

Le classicisme est un mouvement littéraire de l'époque de Louis XIV.

Il a gagné *in extremis*.

3. Savoir se corriger (Mérimée, *Carmen*, 1845).

J'étais donc le nez sur ma chaîne, quand j'entends des bourgeois qui disaient : *Voilà la gitanilla* ! Je levai les yeux, et je la vis. C'était un vendredi, et je ne l'oublierai jamais. Je vis cette Carmen que vous connaissez, chez qui je vous ai rencontré il y a quelque mois.

Fiche 32

Céline, *Voyage au bout de la nuit*, 1932

1. Le niveau de langue.

Le niveau de langue utilisé dans le texte de Céline est familier. C'est visible dans le vocabulaire (carabin, ça – au lieu de *cela*), ainsi que dans la syntaxe (phrases courtes, parfois non verbales, syntaxe de la négation, par exemple : omission du *ne* → « j'avais jamais rien dit. »).

2. Le niveau de langue.

Cela produit un effet d'oralité (imitation du parler populaire) et cela inscrit le narrateur – personnage (le *je*) dans un milieu social qui est celui du peuple. Céline prend ainsi distance avec la littérature qui idéalise le monde et qui fait parler les personnages comme on écrit.

3. Réécriture.

Cela a débuté ainsi. Moi, je n'avais jamais rien dit. Rien. C'est Arthur Ganate qui m'a fait parler. Arthur, un étudiant en médecine lui aussi, un camarade. On se rencontre donc place Clichy. C'était après le déjeuner. Il veut me parler. Je l'écoute. « Ne restons pas dehors ! me dit-il. Rentrons ! » Je rentre avec lui. Voilà. « Cette terrasse, commence-t-il, c'est pour les œufs à la coque ! Viens par ici ! » Alors, nous remarquons encore qu'il n'y avait personne dans les rues, à cause de la chaleur ; pas de voitures, rien. Quand il fait très froid, c'est la même chose : il n'y a personne dans les rues ; c'est lui, je m'en souviens, qui m'avait dit à ce propos : « Les gens de Paris ont l'air toujours d'être occupés, mais en fait, ils se promènent du matin au soir ; la preuve, c'est que lorsqu'il fait trop froid ou trop chaud pour se promener, on ne les voit plus ; ils sont tous à l'intérieur à prendre des cafés crème et des bocks. C'est ainsi ! Siècle de vitesse ! disent-ils. Où ? Grands changements ! racontent-ils. Comment ? Rien n'est changé en vérité. Ils continuent à s'admirer et c'est tout. Et ce n'est pas nouveau. Des mots, et encore pas beaucoup, même parmi les mots qui sont changés ! Deux ou trois par-ci, par-là, des petits… » Bien fiers alors d'avoir fait sonner ces vérités utiles, nous sommes demeurés là assis, ravis, à regarder les dames du café.

Le texte, réécrit dans un registre de langue courant, retranscrit de manière beaucoup moins naturelle et vivante la parole. Il est finalement beaucoup plus lourd et moins plaisant pour le lecteur.

Fiche 33

1. Le registre tragique.

Arnolphe multiple les phrases exclamatives, les expressions de la souffrance (*trépas, aigri, désespéré, triste sort, disgrâce…*) et les accusations à l'égard de celle qu'il aime, avec un vocabulaire que l'on pourrait retrouver dans une tragédie (*traîtresse*, accusation d'ingratitude…).

2. Le registre comique.

Arnolphe exagère. Il craint en fait simplement d'être cocu. Cela ne devrait pas être pour lui une question de vie ou de mort. Il apparaît comme un homme fou, victime de sa propre folie : il a voulu élever Agnès, celle qu'il aime, pour en faire une ignorante. Il se la fait enlever ensuite « sur la moustache ». Il est plus ridicule que digne de pitié.

3. Les registres.

L'hésitation entre les registres nous montre que, pour Molière, le personnage comique n'est pas un personnage caricatural, une marionnette qui fait simplement rire. C'est aussi un personnage qui, dans la « grande comédie » au moins, est doté d'une psychologie approfondie. Molière nous montre également que les limites entre comédie et tragédie peuvent être étroites. La comédie est parfois menacée par le tragique.

Fiche 34

1. Discours indirect (Corneille, *Le Cid*, 1637, acte I, scène 1).

Chimène demande à Elvire si elle lui a fait un rapport bien sincère, si elle ne lui a pas déguisé quelque chose de ce qu'a dit son père.
Elvire lui répond que tous ses sens sont encore charmés de la réponse faite par le père de Chimène. Elle ajoute que ce dernier estime Rodrigue autant que Chimène l'aime. Elle considère que, si elle ne s'abuse pas à lire dans son âme, son père lui commandera de répondre à la flamme de Rodrigue.
Chimène la prie de lui dire une seconde fois ce qui lui fait juger que son père approuve son choix. Elle exige qu'Elvire lui apprenne à nouveau quel espoir elle doit prendre de sa réponse. Elle lui assure qu'un si charmant discours ne se peut trop entendre et qu'Elvire ne peut trop promettre aux feux de son amour pour Rodrigue la douce liberté de se montrer au jour.

2. Discours direct.

Va-t-il faire beau ce week-end ?

Je suis sûr de moi.

Beaucoup d'efforts ont été nécessaires pour redresser l'entreprise !

Vous partirez demain.

Qu'avez-vous fait aujourd'hui ?

3. Écrire un dialogue.

M. Dupont et son fils sortent du cinéma. Ils sont allés voir l'adaptation de *Madame Bovary* au cinéma par Claude Chabrol. Le jeune homme est ravi ; son père, un peu moins…
« Tu n'as pas préféré le livre ? demande-t-il à son fils.
— Non, lui répond ce dernier, absolument pas. Le cinéma est beaucoup plus vivant, plus séduisant ! La lecture m'ennuie. Je n'arrive pas à m'intéresser à un livre, surtout lorsqu'il est aussi long que celui de Flaubert !
— Et bien, oui, pour lire, il faut faire un effort supplémentaire, continua son père. Le cinéma, évidemment, c'est plus facile. Mais la lecture nous enrichit davantage : elle fait appel à l'imagination

et ne nous impose pas des images, une interprétation de l'œuvre. L'image appauvrit l'idée que l'on se fait de l'œuvre. Bien sûr, c'est mon avis…

— L'image, c'est un autre type de langage, grommela son fils. Franchement, je vois pas comment on peut comparer comme ça… »

Fiche 35

Chateaubriand, *Mémoires d'Outre-tombe* (1806-1846)

1. Le style périodique.

Les phrases de Chateaubriand sont généralement assez longues. On peut citer un exemple de période, c'est-à-dire de phrase développée, complexe, caractérisée par un ample mouvement rythmique : « Lorsqu'en se promenant, il s'éloignait du foyer, la vaste salle était si peu éclairée par une seule bougie qu'on ne le voyait plus ; on l'entendait seulement encore marcher dans les ténèbres : puis il revenait lentement vers la lumière et émergeait peu à peu de l'obscurité, comme un spectre, avec sa robe blanche, son bonnet blanc, sa figure longue et pâle. »

2. Effets de contraste rythmique.

Les périodes sont des phrases longues qui sont parfois mises en valeur par des ruptures de rythme. La première phrase, par exemple, est relativement brève : « Les soirées d'automne et d'hiver étaient d'une autre nature. » Ces effets de contraste maintiennent l'attention du lecteur et permettent de mieux traduire les émotions du narrateur-personnage.

3. Cadence majeure / cadence mineure.

Cadence majeure : J'en avais marre, je ne pouvais plus le supporter, j'étais prêt à tout faire pour m'en débarrasser.

Cadence mineure : Il avait voulu échapper à ce quotidien qui le rendait malheureux, il avait voulu partir, tout quitter.

Fiche 36

Baudelaire, *Les Fleurs du mal* (1857), *Spleen et Idéal*, « Harmonie du soir »

1. **Quelques exemples d'assonances et d'allitérations.**

   Vers 1 : allitération en [v] (effet de vibration)

   Vers 6 : allitération en [k] (dureté, souffrance) + assonance en [i] (souffrance)

2. **Sonorités.**

   Le poème repose sur deux rimes essentielles. La rime du vers 1 crée un effet de contraste avec celle du vers 2, qui évoque davantage la souffrance (son [i]). Ces sonorités sont annoncées par le titre, qui donne la tonalité du poème.

3. **Assonances / allitérations.**

   Assonance en [u] : Tu l'as vu, tu as couru, tu l'as vaincu.

   Allitération en [m] : Aimez-moi maintenant, sans attendre demain.

Fiche 37

1. Flaubert, *Bouvard et Pécuchet*, 1881.

Bouvard et Pécuchet ont une vision de la campagne idéalisée et banale, marquée par les clichés : ils rêvent au travail de la terre, au chant des oiseaux, aux animaux. Cette vision s'oppose de manière caricaturale à celle qu'ils ont de la ville et de leur travail. Flaubert dénonce ainsi leur bêtise bourgeoise.

2. Clichés.

La cerise sur le gâteau → le détail qui parfait une réalisation

Un pavé dans la mare → quelque chose qui fait scandale, qui trouble une situation sans histoire

Fraîche comme une rose → avoir un joli teint, avoir l'air reposé

Le vent en poupe → être favorisé par les circonstances et avoir de bonnes chances de succès.

Un baron de la drogue → un personnage important dans le milieu de la drogue

La réponse du berger à la bergère → rendre à quelqu'un la pareille, en obtenant le dernier mot.

Par le petit bout de la lorgnette → regarder sous l'angle le plus étroit et le plus accessoire

S'enfoncer dans la crise → s'enliser dans les problèmes.

Droit dans ses bottes → avoir la conscience tranquille et rester ferme face aux critiques

Ville lumière → périphrase pour désigner Paris

3. Clichés.

La starlette a poursuivi l'hebdomadaire en justice. *Affaire à suivre.*

Les syndicats ont *engagé un bras de fer* avec la direction.

La police a voulu mener une *opération coup de poing* contre les revendeurs de drogue : les policiers ont arrêté deux jeunes, et les ont libérés deux heures plus tard.

Fiche 38

Baudelaire, *Les Fleurs du mal* (1857), *Spleen et Idéal*, « L'ennemi »

1. Comparaisons et métaphores.

Comparaisons	*Métaphores*
Comme des tombeaux Comme une grève	L'ennemi Ténébreux orage, brillants soleils, le tonnerre et la pluie, jardin, fruits vermeils L'automne des idées, la pelle et les râteaux, rassembler à neuf les terres inondées, l'eau, trous Fleurs nouvelles, sol lavé, mystique aliment Mange, ronge, sang

2. Le titre du poème.

L'ennemi est une métaphore, qui désigne le temps. Dans le poème, le temps est une force qui s'attaque à la vie pour la détruire. Il est à l'origine du spleen du poète, c'est-à-dire de sa mélancolie. Baudelaire espère que la poésie (les « fleurs nouvelles ») lui permettra de lutter contre la violence du temps qui passe.

3. La fonction des images.

Les images sont des éléments essentiels de la poésie. Elles donnent de la force à la représentation du temps, en rendant cette réalité plus concrète et plus violente. Elles rapprochent l'existence humaine des quatre saisons d'une année. Baudelaire estime en être à l'automne et craint que l'hiver n'approche. Il fait également du temps un vampire. L'homme mène contre lui une lutte sans merci.

Fiche 39

1. Figures de style.

Oxymore
Personnification (*les fusils fleurirent*)
Anaphore (*vingt et trois*)
Antithèses (*étrangers / frères, vivre / mourir*)
Hyperbole
Périphrase (pour désigner De Gaulle)
Antithèse (*suivre / résistons*)

2. Figures de style.

Oxymore → Il apprécie la douce violence des vagues, quand il se baigne dans la mer.

Antithèse → Vous avez cru réussir, mais en fait vous n'avez fait qu'échouer.

Hyperbole → J'ai failli mourir de faim !

Gradation → Je suis fatiguée, épuisée, anéantie.

Périphrase → Au zoo, il est resté fasciné face au roi des animaux.

3. Figures de style.

Antiphrase → un procédé de l'ironie.

Ex. : Un zéro ! Quel beau résultat !

Polysyndète → figure de style consistant à mettre une conjonction de coordination au début de chaque membre de la phrase.

Ex. : Il a acheté et des choux, et des carottes, et des navets.

Chiasme → figure de style qui consiste à croiser des termes selon un schéma de type a-b-b-a.

Ex. : Il m'a donné des baisers ardents et je l'ai étonné par la chaleur de mes embrassements.

Fiche 40

Un exemple d'acrostiche d'un courtisan au Roi Louis XIV

Louis est un héros sans peur et sans reproche
On désire le voir. Aussitôt qu'on l'approche,
Un sentiment d'amour enflamme tous les cœurs.
Il ne trouve chez nous que des adorateurs.
Son image est partout… excepté dans ma poche.

Un exemple de calligramme, d'Apollinaire (1880-1918), en guise de conclusion…

« Salut monde dont je suis la langue éloquente que sa bouche Ô Paris tire et tirera toujours aux allemands »

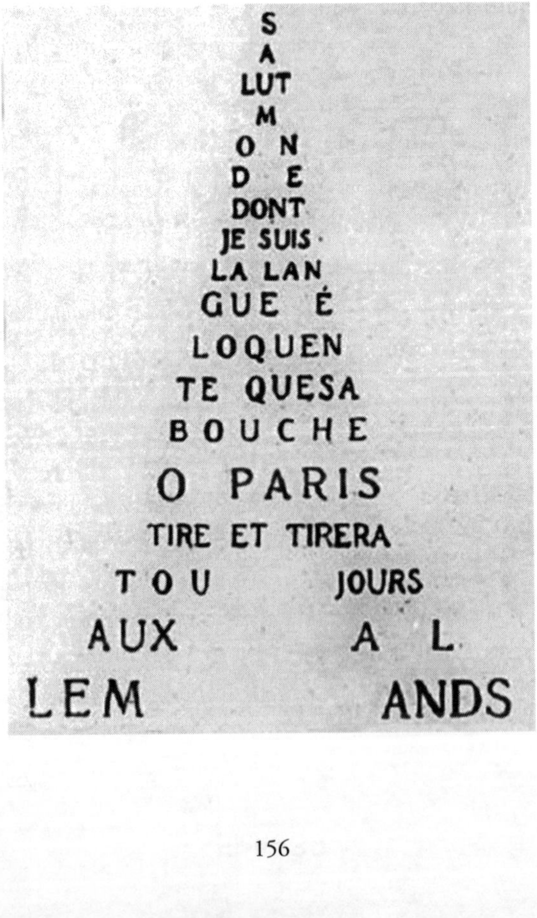

Cet ouvrage a été achevé d'imprimer en juin 2019
sur les presses de Normandie Roto Impression s.a.s.
à Lonrai (Orne)
N° d'imprimeur : 1902550
Dépôt légal : juin 2019

Imprimé en France